WATER CONTROL IN NORWEGIAN TUNNELLING

挪威隧道水控制

挪 威 隧 道 协 会　　编著
周书明　杨秀仁　贺　宁　译

人民交通出版社股份有限公司
China Communications Press Co.,Ltd.

内 容 提 要

《挪威隧道水控制》由挪威隧道协会编写,主要内容包括:挪威隧道工程水控制简介、无衬砌高压隧道和洞室、水平衡的定义和监控、奥斯陆城市区域隧道施工时的水渗漏控制、城市道路隧道——地表问题的地下解决方案、海底岩石公路隧道水治理的设计和施工、长大铁路隧道水治理的经验和教训、奥斯陆地区铁路隧道渗水量标准、环境敏感区内25km特长供水隧道建设规划、岩体注浆——地下工程的安全保障、现代注浆技术、控水工程风险的合理共担,以及隧道水控制工程实例等内容。

本书可供隧道与地下工程的建设、监理、施工单位有关人员使用,也可作为高校师生的参考用书。

图书在版编目(CIP)数据

挪威隧道水控制/挪威隧道协会编著;周书明,杨秀仁,贺宁译.—北京:人民交通出版社股份有限公司,2017.2
 ISBN 978-7-114-12049-7

Ⅰ.①挪… Ⅱ.①挪…②周…③杨… Ⅲ.①隧道施工—涌水量—控制 Ⅳ.①U455

中国版本图书馆 CIP 数据核字(2015)第 024204 号
著作权合同登记号　图字:01-2017-0111

书　　名:	挪威隧道水控制
著　　者:	挪威隧道协会
译　　者:	周书明　杨秀仁　贺宁
责任编辑:	张江成
出版发行:	人民交通出版社股份有限公司
地　　址:	(100011)北京市朝阳区安定门外外馆斜街 3 号
网　　址:	http://www.ccpress.com.cn
销售电话:	(010)59757973
总 经 销:	人民交通出版社股份有限公司发行部
经　　销:	各地新华书店
印　　刷:	北京盛通印刷股份有限公司
开　　本:	787×1092　1/16
印　　张:	9.25
字　　数:	160 千
版　　次:	2017 年 2 月　第 1 版
印　　次:	2017 年 2 月　第 1 次印刷
书　　号:	ISBN 978-7-114-12049-7
定　　价:	58.00 元

(有印刷、装订质量问题的图书由本公司负责调换)

译者的话

《挪威隧道水控制》是挪威隧道协会2002年编写的技术图书之一。本书的编写目的在于与同行分享挪威隧道水控制技术，以指导隧道安全施工规划和落实。本书详细介绍了挪威隧道水控制的意义、目的，水平衡的定义与监测，隧道水具体控制方法及工程实例等内容。

译者和挪威隧道协会协商，将该出版物翻译成中文版出版，供中国隧道与地下工程的项目业主、顾问、设计人员、施工人员、高校师生等参考。

挪威隧道协会（NFF）免费提供该出版物中文简体版权，译者的领导和家人给予翻译工作极大的支持，周冰洁承担了部分书稿的翻译工作，译者对相关单位和个人表示衷心的感谢！

翻译过程中，遵循英文原稿，一些图片无图名及文字介绍，旨在丰富本书所述内容，因此对这些图片予以保留。

译　者

2016年10月于北京

中文版前言

隧道或地下洞室容许渗水量由工程环境和使用条件决定。有些项目中，干挖地质条件或泵送能力是隧道或洞室渗水量的主要影响因素。海底隧道的容许渗水量为 30L/（min·100m）。更多时候，在敏感自然保护区、沉降控制要求严格的城市，进行隧道施工时，应采用更加严格的隧道水控制标准。在这种情况下，必须将残留渗水量限制在 2~10L/（min·100m）。重要的是应建造防水密封性极好的隧道，以实现具体隧道工程容许渗水量的特定目标。由于采用预注浆的方法，可经济、有效地实现这一目标。在某些情况下，例如，公路隧道，通过渗水过滤系统或"内衬"结构，收集排水岩体或支护结构的残余渗漏水。这样，可实现隧道防水密封，满足使用需求。

本书可为隧道水控制方面的规划、设计和实施提供参考。本书对规划、设计和施工期间所做决策提出建议，对水控制方面的理论、标准、规划、注浆作业、合同管理等进行介绍。

特此告知读者，挪威隧道协会出版刊物仅供参考。文中观点和结论秉承信息来源可靠、诚信原则得出。任何情况下，挪威隧道协会不承担由于使用该信息导致的直接、间接或附带损失。

挪威隧道协会免费提供该书稿中文简体版权，如需引用，请检索英文稿原件。

挪威隧道协会
2016 年 8 月

目录

1 挪威隧道工程水控制简介 ·· 1
  1.1 挪威隧道水控制的意义 ··· 1
  1.2 隧道施工地下水控制的目的 ·· 2
  1.3 挪威水文地质特点 ··· 2
  1.4 隧道工程概述 ··· 3
  1.5 费用 ··· 5
  本章参考文献 ··· 6

2 无衬砌高压隧道和洞室 ·· 9
  2.1 简介 ··· 9
  2.2 电站总体布局 ··· 10
  2.3 基于有限元模型的设计图 ··· 11
  2.4 地形评估 ··· 12
  2.5 地质条件限制 ··· 12
  2.6 水力顶压测试 ··· 13
  2.7 带无衬砌水路的地下水电站 ·· 13
  2.8 从无衬砌压力井和隧道运行中获得的经验 ··· 15
  2.9 从气垫调压室运行中获得的经验 ·· 16
  2.10 本章小结 ·· 18
  本章参考文献 ··· 19

3 水平衡的定义与监控 ··· 21
  3.1 简介 ··· 21
  3.2 "水平衡"方程 ·· 22
  3.3 水平衡方程中的参数 ··· 23
  3.4 水平衡的恢复 ··· 26
  3.5 植被图 ·· 26
  3.6 水平衡监控 ·· 27
  3.7 本章小结 ··· 29
  本章参考文献 ··· 29

4	奥斯陆城市区域隧道施工时的水渗漏控制	31
	4.1 简介	31
	4.2 控制渗漏的隧道工程和措施	32
	4.3 黏土填充凹陷处隧道渗漏和孔隙压力的关系	35
	4.4 确定沉降的可能性	37
	4.5 水控制的隧道衬砌经验	38
	4.6 为弥补渗漏，使用地下水抽排措施	39
	4.7 本章小结	40
	本章参考文献	40
5	建设城市道路隧道——地表问题的地下解决方案	42
	5.1 简介	42
	5.2 隧道预注浆项目	43
	5.3 项目成果	50
	5.4 本章小结	52
	本章参考文献	52
6	海底岩石公路隧道水治理的设计和施工	53
	6.1 简介	53
	6.2 隧道水治理的设计原理	55
	6.3 地质条件和实地勘测	56
	6.4 施工方法	58
	6.5 运营	61
	6.6 本章小结	62
	本章参考文献	62
7	长大铁路隧道水治理的经验和教训	64
	7.1 简介	64
	7.2 项目说明	65
	7.3 Romeriksporten 隧道规划阶段的预调查及功能性要求	66
	7.4 Romeriksporten 隧道掘进的经验	67
	7.5 Lieråsen 隧道	69
	7.6 项目总结	69
8	奥斯陆地区铁路隧道渗水量标准	73
	8.1 简介	73
	8.2 地下水水位的下降及一条隧道的渗水量计算	74
	8.3 Jong-Asker 项目隧道分段	75

8.4	数值建模 ··	77
8.5	水平衡 ··	78
8.6	注浆和地下水监测策略 ····································	78
	本章参考文献 ··	79
9	环境敏感区内25km特长供水隧道建设规划 ·····················	80
9.1	工程简介 ··	80
9.2	规划过程 ··	81
9.3	前期地质勘查 ··	82
9.4	地质情况 ··	82
9.5	识别对地下水排水有不同敏感度的自然区域 ················	84
9.6	地下水流向隧道所受到的限制 ····························	87
9.7	水文地质条件 ··	89
9.8	岩体注浆和防水隧道衬砌范围评估 ························	92
	本章参考文献 ··	94
10	岩体注浆——地下工程的安全保障 ···························	95
10.1	注浆的重要性 ··	95
10.2	岩体注浆的目的 ···	96
10.3	建造地下洞室 ··	96
10.4	注浆对岩石质量的影响 ··································	98
10.5	预注浆的成本和计划 ····································	98
10.6	注浆策略 ··	99
10.7	材料要求 ··	100
10.8	注浆效果 ··	101
	本章参考文献 ··	101
11	现代注浆技术 ··	102
11.1	技术简介 ··	102
11.2	岩体注浆的一般因素 ····································	103
11.3	岩石预注浆的施工方案 ··································	105
11.4	决策流程图 ··	111
12	梅罗克（Meråker）项目——12个月完成10km隧道 ············	113
12.1	简介 ···	113
12.2	工期 ···	114
12.3	合同 ···	114
12.4	TBM施工段工程地质 ····································	114

12.5 TBM 选型 …… 114
12.6 TBM 机器优化 …… 115
12.7 掘进性能 …… 116
12.8 刀具磨损 …… 117
12.9 渣土运输 …… 118
12.10 组装/拆卸 …… 118
12.11 现场组织与管理 …… 118
12.12 围岩支护 …… 119
12.13 本章小结 …… 119
本章参考文献 …… 119

13 奥斯陆峡湾海底隧道注浆 …… 121
13.1 简介 …… 121
13.2 水密封性标准 …… 123
13.3 初步注浆探测及注浆改进 …… 124
13.4 合作需求 …… 125
13.5 注浆效果 …… 126
13.6 余下的奥斯陆峡湾连接工程 …… 129
13.7 本章小结 …… 129
本章参考文献 …… 130

14 控水工程风险的合理分担 …… 131
14.1 挪威隧道施工合同 …… 131
14.2 风险分担的原则 …… 132
14.3 调整施工时间的规定 …… 134
14.4 岩体注浆后期的合同编制 …… 134
14.5 注浆控水经验 …… 135
本章参考文献 …… 136

1 挪威隧道工程水控制简介

Eivind Grøv

O. T. Blindheim AS

摘要：岩体属于非连续介质，水力特征差异很大（从不透水坚固岩石到高渗透性地带），其具有相对的隔水性能。依据环境敏感性分析可知，应对隧道水进行控制，以避免其对隧道施工带来影响。挪威隧道工程实施的标准规程是以岩体预注浆，以使达到规定的密封性为基准。该规程根据早期奥斯陆城市地铁隧道施工制定，其涵盖无衬砌高压水电输水隧道工程、地下储油（气）库和海底岩石隧道工程，以及城市隧道工程。

本章列出了进行水控制的意义、目的，并概述了过去十余年间挪威隧道工程水控制的成本效益。本书中的其他章节将进一步细化这些方面。

1.1 挪威隧道水控制的意义

从挪威南部到挪威的东北角，挪威全长约 2100km。一方面，西部的山脉和山谷、深邃的峡湾以及广泛分布的人口，为基础工程建设带来了不少挑战。一直以来，确立一种能促进现代基础设施发展（要克服此类极端条件）的隧道掘进技术，十分重要。另一方面，挪威的气候和地势为水力发电的发展提供了巨大潜力。水力发电工程要求大量使用隧道和地下洞室，这促进了此类隧道工程水控制理念的发展。20 世纪 70 年代，挪威进入了油气时代，地下设施被用于运输和储存碳氢化合物产品。挪威隧道工程的特点是成本低、效率高，具有适应不同地面条件的灵活性、使用者的内部环境安全性，并可实现对外部环境的保护。

一直以来，以下因素对挪威隧道工程水控制技术的发展很重要：

（1）岩体预注浆，以实现隧道水控制。

（2）利用岩体的自承能力。

（3）设置排水支护结构。

通常，岩体本身就是一个巨大隔水层，就致密性特点而言，其拥有显著能力，但就性质而言，其并不同质，特性差别巨大。

某些情况下，隧道允许的流入水量，由掘进方法和泵送能力决定，其可能导致地下水位下降。挪威海底公路隧道（这有无尽的供水来源）流入隧道水量的最大常用数值是 30L/（min·100m）（折合 0.432m^3/d·m）（Blindheim 等，2001）。

对周围环境的要求可能会限制地下水位的下降。该要求适用于城市地区，以避免建筑沉降。已完工程的允许渗水量范围为 2~10L/（min·100m）[折合 0.0288~0.144 m^3/（d·m）]（Davik，2001）。首要目标是使隧道密封性好。

典型的挪威隧道工程施工质量取决于隧道作业的决策、隧道施工人员的能力，以及承包人和业主合作时的相互信任（Blindheim，2001）。根据预先规定的岩体支护和岩体注浆规程，授权隧道施工人员根据具体的岩体条件进行设计。在挪威，合同履行风险主要通过使用大量不同材料和制订合理的作业单位费率来分担。

1.2 隧道施工地下水控制的目的

为什么要使隧道或地下孔洞干燥呢？原因包括以下三方面：

（1）防止对内部环境的不利影响。由于各种原因，隧道和地下孔洞施工质量均受到严格要求，以获得安全、干燥的内部环境。在大多数情况下，不允许内部墙壁上或隧道顶部存在水。

（2）为防止因外部周围环境带来不可接受的影响。由于隧道施工降低地下水水位，隧道工程可能会对周围环境造成不利的影响（其可能造成市区建筑和地面建筑的沉降，并影响休闲区内的生物类型、自然湖泊以及池塘）。

（3）保持水压力控制。无衬砌地下洞室主要用于油气存储、冷藏、压缩空气隧道和洞室、核废料存储库，等等。"水封隧道"为存储产品提供水密封，避免存储产品受泄漏水和汽的侵蚀。

1.3 挪威水文地质特点

挪威水文地质条件的主要特点是地下水水位高，其形成了朝向地下洞穴的天然水力梯度作用，这使得利用无衬砌地下存储设施成为可能。隧道工程施工可能具有扰动地下水的风险，因此存在对地面建筑和植被、动物生存环境，造成不利影响的可能性。

挪威岩石不透水性方面，其渗透性系数范围实际上为 10^{-12}~10^{-11}m/s，个别接缝的渗透性系数范围为 10^{-6}~10^{-5}m/s。因此，岩体就是典型的裂隙含水层，水在渗透性最高的间断点或在隧道中沿岩体移动。岩体的渗透性包括致密岩石和裂隙的渗透性，典型渗透性系数为 10^{-8}m/s。这意味着应鉴定并处理岩体中传导性最强的区域；应确定适当的解决方法，处理此类区域，避免隧道开挖时引起地下水水位下降的情况发生。

1.4 隧道工程概述

1.4.1 地下控水

近年来，已进行环境易损性和敏感性的分析，尤其注重将水平衡研究与本地生物类型的结合（Grepstad，2001；Kveldsvik 等，2001）。Johansen（2001）指出，地下水波动的数值模拟已成为此类分析和传统实验公式推导的宝贵工具。地面建筑土地沉降和潜在损害的实验公式同样可用（Karlsrud，2001）。这些都是确定隧道渗水量最大可接受水位时应考虑的重要因素。

在采掘工作面之前通过使用钻探，随后进行岩体预注浆，从而实现控水（Garshol，2001）。预注浆方案，旨在通过降低岩体渗透性，在隧道外围确立不透水区域。该区域确保将完整静水压力从隧道外围疏导至预注浆区域外。通过已注浆区域时，水压逐渐下降，隧道边界和隧道衬砌上部的水压接近于零。此外，预注浆也是提高注浆区域稳定性的重要方法（Roald 等 2001）。

隧道工程施工流程应以预先规定的注浆标准为指导。在达到这些标准后，方可开始隧道施工，其可能需要不止一次注浆。在对地下水波动高度敏感的区域，应根据隧道工程施工进度，持续实施钻探和预注浆。例如，根据工程特定要求，各孔组间隔20~30m，并按规定重叠。典型预注浆孔组包括10~30个孔，这些孔以特定类型钻取，在岩体中形成喇叭形障碍物，如图1-1和图1-2所示。注浆孔的长度从15~35m不等。

注浆混合料搅拌

注浆工作站流程控制

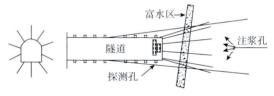

图1-1 典型探测孔和预注浆布置

若按规定进行连续注浆,则在各注浆孔组之间搭接6~10m。预注浆方案应360°全面覆盖隧道,并包括控制孔规程和注浆作业合格标准。迄今为止,与后注浆相比,预注浆方法更可取。后注浆流程通常复杂、费时、昂贵,而且后注浆方案的结果可能更不确定、更加多变。

 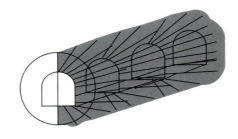

图1-2 预注浆区域图

确保地下水控制的另一个典型方法是采用人工的方法将水加压注入,或通过渗透的方法使水穿过水幕进入地下孔洞。该方法常用于油气存储和水电站的无衬砌气垫式调压室中(Broch,2001)。通过这种技术可以使朝向孔洞的水利梯度表现为外部的水压力大于洞内的压力。这样在无衬砌的存储空间内,存储的产品将被水幕封闭。通过注水也可以恢复意外降低的地下水水位。

地下水随季节而变化,且在数年间不断循环。因此,应确定隧道可接受的渗水量水位,该水位可恢复水平衡。在挪威,有人提出一项新的规则,即不允许剩余流量超过集水区域年平均流量的5%~15%。这是确定隧道最大允许渗水量的另一种方法。

应在实施注浆方案后,对其实施适当的监控计划。这一监控计划一般包括隧道内渗漏测量、岩体内地下水水头测量或邻近表面井、专用观察孔或湖泊/池塘的水位测量(Grepstad,2001)。

1.4.2 岩体的自承载能力

大部分岩体都具有一定的自承载能力,但此能力差别很大。存在"自稳"时间这一事实说明岩体在一定时段内并非恒载,因此处理时不应以岩体恒载来处理。当设计永久支护时,应考虑到岩体的自承载能力。岩体自承载能力弱时需要对岩石进行加强,以保证岩石的稳定性。在挪威,岩石永久支护一般包括锚杆和喷射混凝土支护(Grøv,2001)。

1.4.3 排水隧道结构

在挪威的隧道中,岩体和岩石支护构成了排水结构。这意味着已安装支护措施的隧道设计或建造并非用于承受外部水体压力。因此,不允许采取岩石支护措施后,仍存在多余水积聚。

然而，在已进行预注浆的隧道内，仍会发生渗流。可通过在渗漏点、隧道更大范围或隧道全范围内安装水保护和排放系统，实现环境干燥。在此环境中，要求隧道表面无可见渗流和潮湿斑块；要求在隧道外围和喷射混凝土衬砌之后，控制和处理额外水。额外水通过管道输送至隧道集水系统，或由水保护系统进行处理。可通过安装局部收集设施，并通过管道将水输送至隧道排水系统，实现排水。在挪威，根据隧道交通量的大小，已测试过许多水保护和排放的不同解决方案（Broch，2001）。这些方案的共同点是：它们对岩体支护措施并没有影响。

同时，还使用了可喷涂薄膜，以便在岩石表面建造排水结构，或被用作喷射混凝土两个连续层面之间的夹层。

1.5 费用

考虑到标准费用，Garshol（1997）研究表明，混凝土内衬隧道和纤维强化喷射混凝土隧道的成本比率大约是 500∶225（开挖费用是 100）。

Aagaard 等的文章（1997）表明，费用变量是实际岩体条件的函数。根据岩体等级，混凝土内衬与喷射混凝土 + 锚杆 + 加强肋条的成本比率，从差围岩的 4∶1 到极差围岩的 4∶3 不等。图 1-3 表示无衬砌与现浇注混凝土砌衬的成本比较。在不利岩体条件中，就费用比较而言，两者几乎相等。

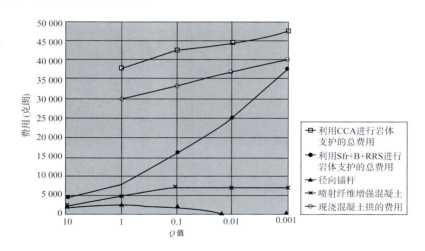

图 1-3　可用方法费用比较

就示例情况而言，可对成本方面进行估计。对体积为 $60m^2$、岩体状况一般的隧道，可得出表 1-1 所示的费用数字。

表 1-1 费用比较（挖掘费用设定为 100）

应用支护要素	现浇筑混凝土衬砌	挪威隧道工程
临时岩石支护*	30~80	—
岩体探测/注浆	50~150	100~250
岩体探测/注浆**	NA	80~200
防水膜	20~30	—
混凝土衬砌（400mm）***	180~330	—
总费用	280~590	180~450

注：* 表示点锚杆和弓形结构上的喷射素混凝土；
　　** 表示系统岩石锚杆和纤维强化喷射混凝土；
　　*** 表示现浇混凝土砌衬应用于表面之后。

应用表 1-1 费用近似值，使用喷射混凝土和预注浆支护隧道，是现浇混凝土隧道费用的 60%~80%。

采用两班倒工作制，每班工作 10h，每周工作 5.5d，横截面面积为 60m² 的典型隧道工程进度为每周 50~60m，包括完成所有永久岩石支护。严格的注浆要求可能会影响工程进度，但隧道规程一般包括系统探测/注浆进度表，其可减少延误，并保持较高的隧道掘进率。

图 1-4 为激光控制方向，图 1-5 为准备乳化液体注浆。

图 1-4　激光控制方向

图 1-5　准备乳化液体注浆

本章参考文献

[1] Aagaard B，Blindheim O T，Grøv E. Sprayed Concrete as Part of Rock Support Systems for Adverse Rock Mass Conditions[J]. Rock Support, Norwegian Society of Chartered Engineers，1997.

[2] Beitnes A. Lessons Learned in Long Railway tunnels[J]. NFF Publication No.

12, 2001.

[3] Berge K O. Water Control, Reasonable Sharing of Risks[J]. NFF Publication No. 12, 2001.

[4] Blindheim O T, Skeide S. Determination and Cooperation is Crucial for Rock Mass Grouting in Order to Satisfy Strict Environmental Requirements[J] NFF Publication No. 12, 2001.

[5] Blindheim O T, Øvstedal E. Design Principles and Construction Methods for Water Control in Subsea Road Tunnels in Rock[J]. NFF Publication No. 12, 2001.

[6] Broch E. Inner Lining in Norwegian Road Tunnels[J]. Intl. Symp. Application of Geosystem Engineering for Optimal Design of Underground Development and Environment in 21st Century. Seoul Oct. 18-19,2001 Korea, 3-13.

[7] Broch E. Unlined High Pressure Tunnels and Caverns[J]. NFF Publication No. 12, 2001.

[8] Davik K I, Andersson H. Urban Road Tunnels, a Subsurface Solution to a Surface Problem[J]. NFF Publication No. 12, 2001.

[9] Garshol K. Single Shell Sprayed Concrete Linings, Why and How[J]. Intl. Symp. Rock Support. Norway. Norwegian Society of Chartered Engineers, 1997.

[10] Garshol K. Modern Grouting Techniques-methods and measures[J]. NFF Publication No. 12, 2001.

[11] Grepstad G K. Water Balance-definition and Monitoring[J]. NFF Publication No. 12, 2001.

[12] Grøv E. Active Design in Civil Tunnelling Using Sprayed Concrete as Permanent Rock Support[J]. Int. Conf. Sprayed Concrete. Tasmania. Balkema, 2001.

[13] Johansen P M. Inflow Criteria for a Railway Tunnel in the Greater Oslo Area.NFF Publication No. 12, 2001.

[14] Karlsrud K. Control of Water Leakage When Tunnelling Under Urban Areas in the Oslo Region[J]. NFF Publication No. 12, 2001.

[15] Kveldsvik V, Holm T, Erikstad L, et al.Planning of a 25 km Long Water Supply Tunnel in an Environmentally Sensitive Area[J]. NFF Publication, No. 12, 2001.

[16] Roald S, Barton N, Nomeland T. Grouting-the Third Leg of Underground Construction[J]. NFF Publication, No. 12, 2001.

[17] Closing the Ring in Oslo[J]. Tunnels & Tunnelling, 2001.

2 无衬砌高压隧道和洞室

Einar Broch

Norwegian University of Science & Technology

摘要：现在挪威有超过80个无衬砌压力竖井和隧道正在运行，其最大水头为150~1000m。其中大部分修建于1960—1990年，最老的已经运行了80年。本章描述了水电站总体布局情况，以及无衬砌压力隧道的不同设计标准，并总结了运营时取得的经验。目前，已收集了10个无衬砌气垫式调压室漏气的运行经验，内部气压变化范围为1.9~7.8MPa，调压室容量范围为2000~120000m³。

2.1 简介

挪威的地形条件对水电能源的发展极其有利，120 TW·h 电能年度总产量的99%以上来自于水电。自1950年以来，地下发电所在挪威占据了发电主导地位。实际上，世界上约500所地下发电所中，200所位于挪威。挪威电力产业是"地下产业"的另一实例：挪威当前拥有超过4000km的隧道。1960—1990年间，挪威每年平均掘进100km隧道。

洞门处重型钻探

隧道掌子面

目前,挪威已从所有这些隧道和地下发电所的设计、建造和运营中获得宝贵经验;同时,已开发特殊技术,更新设计理念。挪威水电站的一个特点是无衬砌、高压隧道和压力竖井;另一个特点是气垫式调压室代替了传统的通风式调压室。它们均是利用原位应力和岩体中地下水压力进行控制的。无衬砌洞室的油气存储也是基于这一控制原理。

挪威的岩石是前寒武纪和古生代岩石。虽然存在各种各样的岩石类型,但主要类型为高度变质岩。从工程角度考虑,其一般可被归类为典型硬质岩石。

2.2 电站总体布局

在第一次世界大战期间及之后不久,钢铁匮乏导致运输不稳定,运输费用高。因此,在1919—1921年间,4个带无衬砌压力竖井的挪威水电站投入使用。其水头变化范围为72~152m。在解决一些初始问题后,这4个压力竖井中的3个运行正常,但运行近40年后才打破水头152m的纪录。如图2-1所示,在1950年以前,水电站的常规布局是陆上发电所(带压力水管)。由于安全原因,水电产业在20世纪50年代移到地下,同时,也将钢质衬砌移到了地下。因此,大约十年间,多数压力竖井均为钢质衬砌。

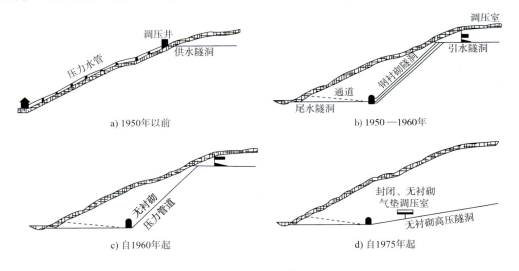

图 2-1 挪威水电站总体布局的发展脉络

Tafjord K3 井的 286m 水头新纪录(于1958年投入运行)重新树立了水电行业对无衬砌竖井的信心。如图2-2所示,新的无衬砌竖井于20世纪60年代早期建造,且自1965年以来,无衬砌压力竖井已成为常规解决方案。如今,在挪威有超过80个拥有150m以上水头的无衬砌高压竖井或隧道已成功运行,其最高水头为1000m。图2-2清楚表明,不断上升的水头反映了对建造无衬砌压力竖井信心的不断提高。

2 无衬砌高压隧道和洞室

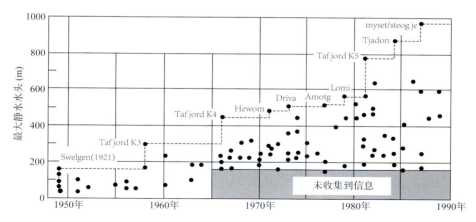

图 2-2 挪威无衬砌竖井和隧道静水水头统计

1973 年，挪威对建造无衬砌岩体防水性的信心进一步坚定，在 Driva 水电站成功投入运行了首个封闭、无衬砌气垫调压室（Rathe，1975）。图 2-1 表明新的隧洞设计如何影响水电站的总体布局。倾斜度较高的压力斜井（通常为 45°）被倾斜度较低的（1:15~1:10）隧道取代。未在靠近压力井顶部使用传统通风调压室，而是沿着高压隧道挖掘封闭室，最好离发电站较近。在隧道系统注满水后，将压缩空气泵入调压室。压缩空气作为气垫，缓解了水力机械效应和水路上的水锤效应，并保证了水力系统的稳定性。

2.3 基于有限元模型的设计图

在 1970 年以前的挪威，使用不同"经验法则"规划并设计无衬砌压力井。1971—1972 年，使用功能更强大的新型计算机作为设计工具。Selmer-Olsen（1974 年）和 Broch（1982）对"经验法则"进行了详细描述，其基于计算化有限元模型（FEM），以及"无衬砌压力井或隧道沿线的内部水压不得超过围岩最小主应力"。

简而言之，FEM 模型的基础是平面应力分析，即应用随深度的增加水平应力（构造应力加重力）线性增加。由于山谷仅相当于整个模型较小一部分，可避免模型中的弯曲应力。若有特殊地质要求，可使用断层泥（含黏土的破碎带）。

除实际情况之外，典型的理想化谷坡的模型实例如图 2-3 所示。

为使模型无量纲，将静水水压表示为 H/d，其中将水头表示为与山谷深度相同单元内的高度（单位：m）。曲线穿过井中内部水压等于围岩最小主应力的点（$\sigma_3=H$）。

可通过一个例子说明设计图的使用：使山谷底部（电站位于此处）处于海平面以上 100m，山谷坡顶部处于海平面以上 600m，得出 $d=500$m。渗入储层的最高水位为海平面以上 390m，得出 $H=290$，$H/d=0.58$。在 0.58 线以内（或之下）的所有点，岩体最小主应力超过了无衬砌井的水压,因此,不会出现液压劈裂。若安全因数为 1.2,临界线将为 1.2×0.58=0.7 线。作为示范,在图 2-3 中的该位置处安置了倾斜 45°的井。Broch(1982 年)进行了输入数据如何影响结果的进一步讨论。

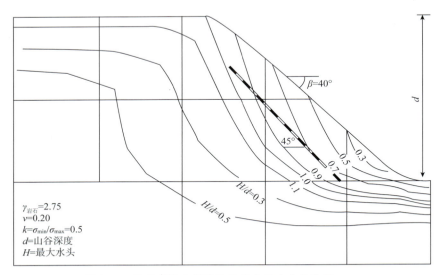

图 2-3 基于有限元模型的无衬砌压力井设计图

注:曲线穿过井中内部水压等于围岩最小主应力的点,$H=\sigma_3$。

2.4 地形评估

无论选择何种方法,均需对压力隧道或竖井附近的地形进行仔细评估。这对非冰川山区尤其重要,因为该处小溪与小河在谷坡处侵蚀出深深的不规则山沟和山涧。这种深深的山涧之间的山脊,或所谓的山嘴,其地应力在很大程度上消失。因此,在测量无衬砌压力井或隧道的表土时,可将其忽略。这并不意味着压力隧道不得穿越在山脊(或山嘴)下方,除非通过现场测量查明应力场,否则设计中应避开额外覆盖层。

2.5 地质条件限制

使用有限元模型研制出的设计图的基础是假定岩体同质且连续。尽管对于结晶岩(如花岗岩和片麻岩)而言,该假定并非完全正确。然而,对应力诱发稳定性问题(如谷坡大量隧道因应力爆裂)的观察和调查,明确表明岩体的自然节理对原始应力的分布影响很小。断层和薄弱地带对应力分布影响更加明显,因为其可能引起局部应力再分布(Broch,1982)。

在有交互层或不同硬度岩床的岩体中,应力情况可能与理想化 FEM 模型呈现的应力情况大不相同。在这种情况下，应建立新模型，根据岩石类型的不同，仔细选择不同类型岩石的输入数据。当有不同硬度的岩石组合体时，较软岩石的应力要小于较硬岩石的应力。当高压隧道穿过此类低应力岩体区域时，这些岩体局部会受力过大，导致节理开裂，因而可能导致岩体严重渗漏。

由于通常可忽略岩石本身的渗漏性，当评估某一区域时，岩体的节理和断层，尤其是节理填充材料的类型和数量就变得相当重要。低温酸性水可轻易分解方解石，泥料如粉土和膨胀黏土也易受到侵蚀。最好避免穿过包含这些材料的破碎带或断层。若不可避免，则应仔细密封并注浆。渗漏节理距离发电所和入口隧道越近、定向点越多，注浆就越重要。

注浆对存在多孔岩石、节理或破碎严重岩石的区域或地层同样有效。因此，仔细绘制岩体内不连续岩石的所有类型，是规划并设计无衬砌压力井和隧道的一个重要部分。

2.6　水力顶压测试

对高压井和隧道，进行水力顶压测试。对于不清楚应力情况或仅根据地形条件很难判定的岩体，此类测试尤其重要。这种测试通常是在建设过程中，从隧道入口至动力室和隧道交叉口进行。

为确定已测试的所有可能节理组，通常从 3 个不同方向钻孔。通过使用已有或特殊设计的有限元模型，估测测试区域和无衬砌井底部的岩石应力情况。在此阶段，两点处应力的相对值要比实际值更重要。测试期间，将孔内水头提升至比钢内衬上游水头高 20%~30% 的水平，以测定测试点处的下降压力水平。无须进行完整的水力压裂测试，关键问题是井或隧道无衬砌部分的水压能否打开或顶压现有节理。因此，确认已测试所有可能节理组尤为重要。

若测试结果表明节理可能出现顶压，则应加深水路无衬砌部分在岩石中的深度。这意味着整个发电所综合设施被移向更深处。因此，当规划无衬砌高压井和隧道时，签订允许此类改变的"弹性"合同至关重要。将发电站综合设施置于岩石更深处，只是增加了入口隧道的长度，并没有增加水路长度。

2.7　带无衬砌水路的地下水电站

为证明无衬砌水路的设计方法，现简述地下水电站的实例。图 2-4 展示了只有一个涡轮的小型水电站的简易规划平面图和剖面图。在水头范围为 200~600m 的挪威电站中可发现类似布局。

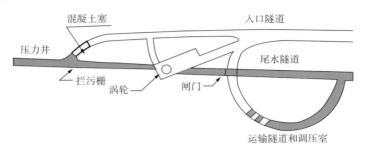

a) 地下水电站规划带无衬砌水路的电站平面图

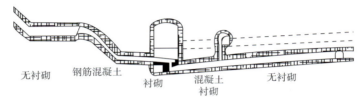

b) 过水隧道剖面图

图 2-4 无衬砌水路地下水电站的平面和剖面图

图 2-4 在一定程度上一目了然。但是,应指出当使用设计图时,倾斜井的尺寸或临界点通常位于无衬砌压力井末端和钢内衬起始处。此处所选 $\sigma_3 = H$ 线应横断水路。该点的高程和钢内衬区长度随着水头、发电所规模和方向以及地质条件(尤其是节理和裂纹的特点和方向)的不同而变化。钢内衬的长度范围通常为 30~80m。竖井的水压力临界点通常为图中曲线的上部拐点处。

最后使用混凝土和带舱口盖的钢管,堵住至无衬砌压力井底部的入口隧道。根据水头和地质条件,封闭长度通常为 10~40m。由粗略经验法则估算,混凝土塞长度为塞上

注浆质量检查

注浆工作站控制系统

水头的 4%，理论上指定最大水力梯度为 25。在混凝土塞和钢内衬井上部周围，进行高压注浆，这样可以避免入口隧道和发电站出现渗漏。可从 Dahlø 等（1992）或 Broch（1999）的文章中，详细了解高压混凝土塞的设计方法。

2.8 从无衬砌压力井和隧道运行中获得的经验

最老的无衬砌压力井已经运行了八十余年。自 1970 年以来，挪威境内建造的 60 个水头范围为 150~1000m 的压力井和隧道，均出现不可接受的渗漏。因此，可以合理推断，无衬砌高压隧道和压力井的设计和建造已十分迫切。

应对压力井或隧道进行首次受控填充，因为在隧道挖掘期间及之后，围岩的水已逐渐被排出甚至清空。随着时间的推移，通常可以发现隧道内的渗漏水明显减少了。随后当隧道充满水时，岩石中的无水节理和空隙也将被水充满。通过在填充期间进行渗漏测量，可检测到意外渗漏。

竖井的填充一般是逐步的或者间隔 10~30h，在间隔的时间内，通过超灵敏压力计持续并准确监控井内水位。考虑自然地下水的流失量及测得的通过混凝土塞渗漏的水量，可计算出从无衬砌压力隧道或竖井中进入围岩的净渗漏量。图 2-5 所示为一些无衬砌高压井和隧道的典型渗漏曲线。根据已填充节理数量，在第一个小时内，隧道的渗漏量较大，但在随后的 12~24h 内，渗漏量迅速下降并趋于稳定。

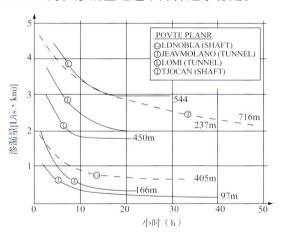

图 2-5 从不同无衬砌高压井和隧道测得的渗漏量

注：来源于 Palmstrøm，1987 年。

在已完成渗漏测量的一些压力隧道和压力井中，计算得出的平均渗透系数为 1×10^{-9}~10×10^{-9}m/s。由于渗透性很低，已测得渗漏量为 0.5~5L/（s·km）（Palmstrøm，1987）。

2.9 从气垫调压室运行中获得的经验

对挪威现有的 10 个气垫调压室,开展岩体空气和天然气气密性研究,有关研究结果在 Goodall 等(1988)、Kjørholt 和 Broch(1992)、Kjørholt 等(1992)的论文中有所提及。

为抑制由于水电站荷载变化造成的引水隧道瞬变,气垫调压室是替代传统开放式调压井的经济性选择。如图 2-6 所示,气垫调压室是靠近引水隧道挖掘的岩石洞室,在其中捕获气穴。通过短隧道(<100m),调压室被水力连接至引水隧道。这一解决方案为隧道系统和电站选址布局提供了便利条件。如图 2-6 所示,已使用气垫的设计计划往往使引水隧道直接从蓄水池倾斜至电站。在引水隧道水头高于地表时,倾向于使用气垫调压室。在这种情况下,建造开放式调压井将需要修建缓冲塔。

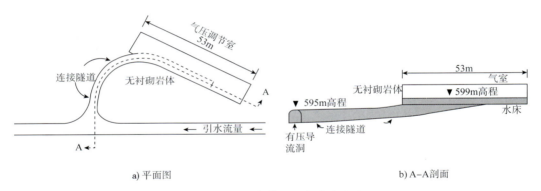

图 2-6 Ulset 气垫调压室的平面图

表 2-1 中列出了气垫调压室的一些基本数据。不同片麻岩为气垫调压室周围岩石的主要类型,节理一般从低到中等,预计渗透性较低。但应牢记,这些气垫调压室的位置是仔细选择而得,尽可能利用有利的岩体条件。当符合使用条件时,应进行水力顶压测试或岩石应力测量,以验证应力条件对调压室有利。

在所有调压室中,OSA 的深度最浅(145m)。相对于地面以上 40m 高的调压塔,埋于地下的调压室是首选方案。在 OSA 水电站,首次发现过度风压损失。在水电站试运行不久就产生了 900Nm³/h 的空气流失。在 4.0MPa 压力下进行注浆,注入总量为 36t 的水泥和 5500L 的化学浆液。这些浆液集中流入发生渗漏的区域。注浆的结果是洞室的风压损失首次从 900Nm³/h 急剧下降至 100 Nm³/h,并在长时间内逐渐下降至 70 Nm³/h。

2 无衬砌高压隧道和洞室

表 2-1 气垫调压室基本数据

项目	功率（MW）	年份（a）	气垫体积（m³）	气垫压力（MPa）	渗透性（m²）	风压损失（Nm³/h）
Driva	140	1973	7350	4.0~4.2	无数据	0
Jukla	35	1974	6050	0.6~2.4	1×10^{-17}	0
Oksla	206	1980	18000	3.5~4.4	3×10^{-18}	5
Sima	500	1980	9500	3.4~4.8	3×10^{-18}	2
Osa	90	1981	12500	1.8~1.9	5×10^{-15}	900/70 *
Kvilldal	1240	1981	110000	3.7~4.1	2×10^{-16}	250/0 **
Tafjord	82	1982	1950	6.5~7.7	3×10^{-16}	150/0 **
Brattset	80	1982	8900	2.3~2.5	2×10^{-17}	11
Ulset	37	1985	4900	2.3~2.8	无数据	0
Torpa	150	1989	12000	3.8~4.4	5×10^{-16}	400/0 **

注：* 斜线上下方数据分别表示注浆前和注浆后；
　　** 斜线上下方数据分别表示有运行水幕、无运行水幕。

在 Kvilldal 运行的第一年里，气垫调压室的风压损失为 250Nm³/h，但并无证据表明地表出现集中渗漏的现象。为避免这种风压的损失，首次在气垫式调压室外安装了水幕。水幕包括 45 个 50mm 直径钻孔的扇区，总长度约为 2500m，水幕与调压室之间的距离为 10~20m。

水幕使用的最大水压是 5.1MPa，比调压室压力高 1MPa。在此压力下，水幕的平均水流量是 32L/min。自安装水幕后，风压损失下降了一个数量级。

Tafjord 是首个未采取任何渗漏防护措施进行调试的气垫调压室。但是，即使此站点的渗漏稍微小于 Kvilldal 气垫调压室，压缩机也没有足够的能力。对贯穿洞室的主要破裂进行注浆尝试，但并未改善渗漏条件。幸运的是，与 Tafjord 水电站的空气调压室相连的 Pelton 系统并不重要。因此，该水电站随后能在没有调压设备的情况下运行。

1990 年，为开展岩体空气和天然气气密性项目研究，在 Tafjord 安装了水幕。该水幕包括 16 个钻孔（直径 56mm），这些钻孔覆盖了洞壁的顶部和上部。同样在此站点，当以设计压力（高于气垫压力 0.3MPa）运行水幕后，空气渗漏现象消失。

Torpa 气垫调压室是唯一在最初设计中就包含水幕的气垫调压室。该水幕包含 36 个钻孔（直径 64mm），从洞室顶部 10m 上方的挖掘廊道钻取，见图 2-7。除了水幕以外，还在施工期间进行注浆，以改善岩石条件。

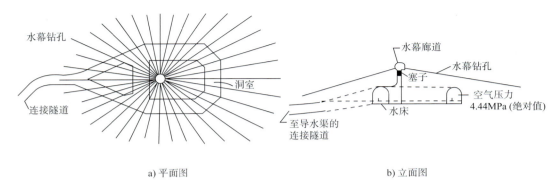

a) 平面图　　　　　　　　　b) 立面图

图 2-7　安装了水幕的 Torpa 水电站气垫调压室几何图

至于 Torpa 另外两个水幕，当以设计压力（高于气垫压力 0.3MPa）运行时，未记录到气垫的空气渗漏。为了解 Torpa 处空气渗漏的可能性，将水幕关闭两天，这导致了 400Nm^3/h 的风压损失。水幕一重新运行，渗漏就立刻停止。测得渗漏率与理论计算的结果相当吻合。

表 2-1 中所列通过岩体的空气渗漏，表明了各站点气垫压力和天然地下水压力之间的比率关系。

其中的 6 个气垫出现可接受的天然空气渗漏，3 个气垫无穿过岩体的空气渗漏。在 4 个气垫式水电站中（Osa、Kvilldal、Tafjord、Torpa），风压损失太高，导致水电站无法顺畅经济地运行，好在补救工作已及时开展。在所有 10 个气垫中，这 4 个站点位于岩体渗透性最高的区域，且气垫压力和天然地下水压力之间的比超过 1.0。

2.10　本章小结

挪威从一定数量的压力隧道和压力井中积累了经验。这些经验表明，若遵循某些设计规则并避免某些地质地形条件，则无衬砌岩体可承受的水压至少为 10MPa，约等于 1000m 水头。

目前已证明，对于多数水电站，气垫是代替传统开放式调压井的经济方式。经验表明，水力设计应遵循与开放式调压井相同的准则。气垫洞室的土工设计，应遵循与其他岩石洞室相同的基本规则。

在设计和施工气垫式调压室时，穿过围岩的空气渗漏是一个挑战。由于经济原因，可接受某些渗漏。但是，若渗漏超出了给定限制，可采用注浆和水幕技术来解决。经验已表明，注浆将使渗漏降至一定程度，而水幕则可完全消除穿过岩石的渗漏。

这些经验对水电设施之外，如建造廉价、无衬砌存储设施（用于在压力下存储不同类型的气体和液体）同样重要。

注浆混合料的控制　　　　　　　隧道施工期间，大型设备的利用有利于水治理

本章参考文献

[1] Broch E. The Development of Unlined Pressure Shafts and Tunnels in Norway[J]. Rock mechanics: Caverns and Pressure Shafts (Wittke, editor). Rotter Darn, The Netherlands, A.A. Balkema, 545 –554. Also in Underground Space, No. 3, 1984.

[2] Broch E. Designing and Excavating Underground Powerplants[J]. Water Power and Dam Construction 34:4, 19–25.

[3] Broch E. Design of Unlined or Concrete Lined High Pressure Tunnels in Topographical Complicated Areas[J]. Water Power and Dam Construction, 36:11.

[4] Broch E. Sharing Experience with Concrete Plugs in High-pressure Tunnels. Hydro Review Worldwide，7（4）：30-33，1999.

[5] DahløT S, Bergh-Christensen J, Broch E. A review of Norwegian High-pressure Concrete Plugs. Hydropower –92(Broch and Lysne, ed.). Balkema, Rotterdam，1992, 61–68.

[6] Goodall D C, Kjørholt H, Tekle T，et al.Air Cushion Surge Chambers for Underground Power Plants. Water Power & Dam Construct, 1988, 29–34.

[7] Kjørholt H, Broch E. The Water Curtain-a Successful Means of Preventing

Gas Leakage from High-pressure, Unlined Rock Caverns[J]. Tunnelling and Underground Space Technology.1992, 7, 127-132.

[8] Kjørholt H, Broch E, Dahlø T S. Geotechnical Design of Air Cushion Surge Chambers[J]. Hydropower-92. (Broch and Lysne, ed.) Balkema, Rotterdam, 1992, 129-135.

[9] Palmstrøm A. Norwegian Design and Construction Experience of Unlined Pressure Shafts and Tunnels[J]. Underground Hydropower Plants (Broch and Lysne, ed.), Trondheim, Tapir, 1987, 87-99.

[10] Rathe L. An Innovation in Surge Chamber Design[J]. Water Power, No. 27, 1975, 244-248.

[11] Selmer-Olsen R. Underground Openings Filled with High-pressure Water or Air[J]. Bull. Int. Ass. Engineering Geology 9, 1974, 91-95.

3 水平衡的定义与监控

Gisle Kvaal Grepstad

NVK Vandbygningskontoret AS (Partner in NORPLAN)

摘要："水平衡"这一术语，是指降水与隧道径流、蒸发和渗漏组合的平衡，其可描述汇水区域地下水和地表水存储的变化。在汇水区域受到不良影响之前，预测渗漏量是一项艰巨的任务。若存在可靠溢出数据，则可计算汇水区域水存储的变化量。就地下水存储量和延迟溢出而言，模型的准确度取决于数据质量和集水区的复杂程度。

预测渗漏所用解析式和模型的最重要参数，除了位于地下水位之下的隧道深度之外，还包括表层土、沉积物和更深处岩层的透水性。

环境影响评估，关注的重点为维持生物多样性。出于环境保护的考虑，对保护区域不应进行围岩注浆加固。

要详细预测隧道的影响区域很难。因此，应在施工期间及之后，密切监控从围岩渗漏到隧道内的水，并在施工前及施工期间，密切监控隧道上方脆弱区域中的孔隙压力，以及湖泊和含水层的水位。

3.1 简介

当提到与岩体注浆相关的合格标准时，经常使用"不得影响水平衡"这一短语。这个短语是什么意思呢？能证明已经达到这一目标吗？这真的很重要吗？

在敏感区域，渗漏的监控测量是工程监造的重要内容。工程建设的规范及标准越来越多。如果某工程设定了严格的渗漏限制，对渗漏量的监控不确定的话，将导致隧道上部的其他设施或环境遭受破坏；甚至由于需要额外注浆补救而导致代价更大的工期延误。但目前为止，很少出现第二种情况。

未采取控制措施的影响区域，水平衡依赖于隧道的渗漏量、岩体和沉积物的孔隙度，以及水的用量等。

水平衡随季节、年份的不同而改变。此外，若有水流入隧道，则会导致水平衡的改变。因此，"水平衡"说明集水区域的水和地下水水位处于自然变化范围内。

通过对水平衡的监控，可防止破坏自然环境。为确定集中注浆区域，需全面了解以下知识：①局部、区域和全国范围内植被的重要性、独特性和敏感性；②植被的抗旱能力；③水流入隧道的后果。

本章阐述水的平衡方程中的各种参数，并讨论参数的变化方式。此外，本章还简要讨论了水平衡监控的目标、方式和位置，以达到持续控制渗漏，防止破坏环境的目的。

3.2 "水平衡"方程

多年以来，都是通过以下方程计算特定集水区域的水平衡：

$$P=Q+E \tag{3-1}$$

式中：P —— 降水量；

Q —— 溢出量；

E —— 蒸发量。

对于较短时段，需要有另一个条件，因此得出以下方程：

$$P=Q+E\pm\Delta R \tag{3-2}$$

式中：ΔR ——在给定时段开始和结束时，地下水和地表水之间的存储差值（Otnes等，1978年）。

若存在渗漏至集水区域下隧道的渗漏量L，则上述方程可表示为式（3-3），具体情况如图3-1所示。

$$\Delta R = P - Q - E - L \tag{3-3}$$

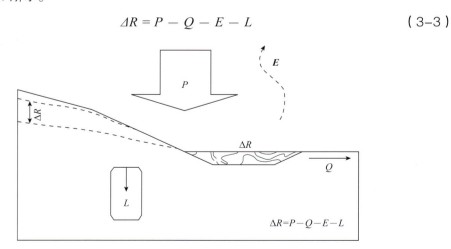

图3-1 包含渗漏量（L）的水平衡方程图式

"水平衡"这一术语，是指降水与隧道溢出、蒸发和渗漏组合的平衡，也指集水区域地下水和地表水存储的平衡。上述方程表明隧道的任何渗漏将影响集水区域的水平衡。

3 水平衡的定义与监控

根据渗漏量，在短期或长期内，渗漏将会影响集水区域的水溢出和存储。在该区域受到不良影响之前，评估渗漏量，是一项艰巨的任务。

为进行此项评估，应仔细测量式（3-3）中的参数（或估测）。此外，应了解隧道上方自然环境（尤其是植被）受到的隧道排水影响类型，以及排水影响建筑物和其他类型基础设施的方式。Karlsrud 已于 2001 年描述过后者。

3.3 水平衡方程中的参数

3.3.1 集水区域

描述集水区域极其简单。若深埋隧道位于集中范围附近 或所处的断层带倾斜角较小时，影响区域可能会扩大到隧道上方集水区以外的区域，这会导致集水区域不容易确定。因此，当估算隧道上方的实际集水区域时，正确了解隧道影响区域的集水区域的实际大小以及断层带、断层倾斜角，尤为重要。

3.3.2 气候数据（P 和 E）

在大多数国家，沉淀数据（P）通常可从国家气象部门获得。在挪威过去的一百多年间，已记录了挪威每天的降水情况。年内及年际降水均有所不同。降水数据月在无法测量溢水量的地区内，估算预期溢出量及其变化。

集水区域内的蒸散（E）取决于许多因素，如地形、植被、湖泊大小、海拔、温度、湿度和盛行风向。如同温度和降水一样，年内和年际蒸散均有所变化。在挪威，大约有50个气象站进行蒸发测量。下面列出了在远离相关气象站区域所普通采用的 Turc 实验公式：

$$ET = \frac{N}{\sqrt{0.90 + (N/I_t)^2}} \qquad (3-4)$$

式中：ET——年蒸散量，mm；

N——年降水量，mm；

$I_t = 300 + 25t + 0.05t^3$，其中 t 是平均温度（℃），Hauger（1978）。

3.3.3 溢出量（Q）

挪威水资源和能源局（NVE）发布全国溢出量地图。这些地图显示了年平均溢出量 [单位：L/（s·km²）]。年平均溢出量对于水平衡的判断非常重要，但更重要的是显示了年内和年际的变化情况。干旱年份和年内干旱期的溢出量，对评估渗漏影响自然环境的方式而言，必不可少。在进行溢出测量不可行的区域，解决方案是找到气候区、降水类型、降水大小、地形和植被相同的集水区域，并对该区域进行测量。观察此集水区域年内溢出分布所占年均溢出的比例，进而明确集水区域内受隧道影响的溢出分布。图3-2列出了挪威南部的奥斯陆西部集水区域的溢出分布。

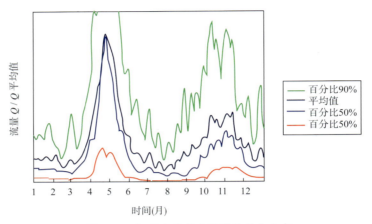

图3-2 挪威南部集水区域的溢出分布

注：VM 12.192 Sundbyfoss（1977—1999），周平均值曲线

图3-2表明，溢出集中于两个时段：从4月初至5月底（由于积雪融化），及从10月初至11月底。如图3-2所示，从6月至9月，溢出量接近于平均值的20%。该时段是年内的关键时段，此时植被正需要水。该图进一步表明大约每10年间，从6月中旬至9月中旬，百分位显示为10%，即几乎无溢出。

3.3.4 水存储差值（ΔR）

若存在可靠溢出数据，则可计算集水区域水存储的变化量。就地下水存储量和延迟溢出而言，计算模型的准确度取决于数据质量和集水区的复杂程度。在基于水平衡模型的电子表格中，可计算干湿年份影响差值。此模型可估算在对湖泊水位和地下水水位造成永久影响之前，集水区域可接受的渗漏量。

由于估测地下水储层大小和存储量相对困难，在任何隧道工程开始之前，很少进行此任务。在隧道工程早期阶段，地下水水位、地下水至基岩的深度以及土壤分布信息几乎不可用。地下水存储量取决于土壤厚度和多孔性。进行储存量评估时，断层带的多孔性并不十分重要。若既不清楚水位变化量，也不明确多孔性或土壤厚度，则进一步估算储存变量极其困难。总之，即使对存储量的估算不准确，也能给出区域干旱易发程度，即对地下水存储存在或缺失的粗略定性评估是有价值的。在表3-1中列出了一些常见土质和结晶岩的总孔隙率和有效孔隙率（即排水可用存储量）。挪威的多数岩石类型是结晶岩，因此有广泛的适用性。

表 3-1　常见土质和结晶岩的总孔隙率和有效孔隙率

材　料	总孔隙率 (%)	有效孔隙率 (%)
黏土	45~55	1~10
粉土	35~50	2~20
砂土	25~40	10~30
砾石	25~40	15~30
混合砂砾石	20~35	15~25
冰碛石	10~25	2~20
带少数裂纹的结晶岩	<1	<<1
断裂结晶岩	<1~10	<<1~10

注：本表数据由 Driscoll 和 Fetter 分别于 1986 年和 1994 年修改。

3.3.5　渗漏量（L）

有多种方式测量水至隧道的渗漏量，但是，只能在隧道施工开始后进行此类测量。在设计阶段，可能的渗漏量应以解析式和计算机模型为基础，如 2001 年，由 Karlsrud 提出的公式和由 Johansen 提出的模型。在采取渗漏控制措施前，可通过这些模型和公式初步评估可能的渗漏量和受影响区域，且可由此进一步评估渗漏控制措施的效果。解析式和模型的最重要参数，除了位于地下水位之下的管道深度之外，还包括表层土、沉积物和更深处岩层的透水性。地下水至隧道的渗漏与岩层的透水性成比例变化。在表 3-1 中列出了一些土质和结晶岩的孔隙率。在表 3-2 中列出了此类材料的预期渗透系数。

表 3-2　一些常见土质和结晶岩的预期渗透系数

材　料	渗透系数（m/s）	材　料	渗透系数（m/s）
黏土	10^{-11}~10^{-8}	冰碛石	10^{-11}~10^{-3}
粉土	10^{-8}~10^{-6}	断裂结晶岩	10^{-8}~10^{-4}
同质砂土	10^{-5}~10^{-3}	带少数裂纹的结晶岩	<10^{-11}
同质砾石	10^{-4}~10^{-2}		

对多数岩体材料而言，其透水性变化很大，在短距离内其值通常从 100 变化至 1000 以上。岩体是典型的节理蓄水层，因此如表 3-2 所示，流入岩石的地下水流量在裂纹、断层带—断层处受到限制。岩体透水性、岩石类型、断裂程度、断裂方向和连续性，以及断层带和岩石的基本参数等对透水性都有影响。通常根据钻孔的水压测量或水井的抽水测试，估算透水性。测试数量和岩体的同质性决定了公式和模型预测渗漏量的准确度。

3.3.6 影响区域

未采取封堵缓解措施的影响区域，依赖于水至隧道的渗漏（如上所述）、岩体和沉积物的多孔性，以及水的可用性。如 Karlsrud 于 2001 年所述，关于沉降导致的建筑和基础设施损害，即使少量渗漏也可造成大范围区域影响。

隧道建设过程中，对隧道影响区域和自然环境负面影响进行评估时，渗透系数是主要影响因素之一。

若未考虑沉降危害，表 3-2 表明排水的最大影响区域，是断裂岩石的下延砂砾石区域。由于砂土上生长的植被类型通常比沼泽里的植物标本更抗旱，所以对自然环境的影响并非全是负面影响。

最高海岸线之下的隧道比最高海岸线之上的隧道具有更小的影响区域的原因是，海相黏土的透水性较低。从表 3-2 中可以看出，黏土中的地下水流量比断裂岩石中的地下水流量更低。

3.4 水平衡的恢复

上述章节有关内容说明了水平衡随季节、年份而改变。此外，式（3-3）表明，若有水流入隧道，会导致水平衡的改变。因此，"水平衡"说明集水区域的水和地下水水位处于一定的变化范围内。

因此，有必要规定水至隧道渗漏的"可接受"水平，该水平是"水平衡"的恢复水平，并无统一的水平衡可接受水平。挪威水资源和能源局（NVE）已在《水资源法》的随附试行条例中表明，其不接受小于集水区域平均年流量5%~15%的剩余流量。关于何为"可接受"流量的讨论尚未结束，流量回流期和集水区域无溢出最大允许天数可能是其决定性因素。

3.5 植被图

比确保"水平衡不受影响"更重要的是防止破坏自然环境。水平衡方程中的参数可协助评估集水区域内的可用水量。下一步是进行陆生植物（若适用，包括海生植物）制图。为确定集中注浆区域，需全面了解以下知识：①局部、区域和全国范围内植被的重要性、独特性和敏感性；②植被的抗旱能力；③水流入隧道的后果。易干旱地区（例如泉眼、沼泽和峡谷底部等）的生物区依赖于高地下水位。但是，依赖于持续供水，并不一定说明该生物区稀有且宝贵。峡谷底部通常与区域断裂线和断层带相吻合，因此地质学家有必要与植物学家或自然学家在环境影响评估方面进行合作。

环境影响评估,应注重保护物种多样性、意义重大的区域和标示保护区域,并且出于环境保护角度考虑,不应在环境保护区域进行岩体注浆。

3.6 水平衡监控

由于受地质材料和透水性的影响,难以准确估计在隧道内的影响区域水的流失。因此,应在施工期间及之后,密切监控从围岩渗漏到隧道内的水,并在施工前及施工期间,密切监控隧道上方脆弱区域中孔隙压力,以及湖泊和含水层的水位。

3.6.1 隧道内监控

根据地面基础设施的不同和自然的敏感性及脆弱性,整个隧道的可接受渗漏要求不同。因此,在规定区域内进行隧道渗漏监控和测量很重要。如果已经规定严格的渗漏条件,则渗漏量的不确定性可能破坏隧道上方的基础设施或环境;或由于过度注浆,易导致代价高昂的工程延误。

控制进出隧道的总水量很重要。流入隧道的水来自渗漏水(L),以及用于钻孔、清洗等的水(Q_{in})。根据倾斜度,在隧道入口或隧道工作面处测量流出隧道的水(Q_{out}),则隧道的简易水平衡公式为:

$$Q_{out} = Q_{in} + L \qquad (3-5)$$

通常,在周末和节假日期间进行渗漏测量,此时隧道施工用水量均不显著。因此,在隧道入口处(或工作面)测得的数值就是相对流入值。在测量前和测量期间,只要施工活动不立即使用水或增加施工用水量,则该测量方法简单可靠。在施工期间定期(如每周末)测量渗漏量,可得出各区域不同时段的进水值差异。

排出隧道的水,除了污水之外,是通风系统和爆破岩石内的水。与渗漏水相比,这些水量通常很小且不显著。但若渗漏限制十分严格,则不得将其忽略。还未注浆的钻孔是明显的偏差源。

降低至隧道要求的渗漏量所采取的岩体预注浆措施,比开挖后注浆的效率高、成本低。因此,隧道工作面的渗漏监控很重要。通常通过钻探获得隧道工作面上方的岩体状况信息,如渗漏、岩体质量,以及断层带—断层。注浆量的确定,通常以这些钻孔内的测量或测试为基础,如:

(1)水压测试(吕荣测试)。

(2)测量勘探孔渗漏水量。

若通过吕荣测试或勘探孔测量得到的渗漏量超出预定限制,则须进行注浆。若已设定严格的渗漏限值,也应在注浆后进行勘探钻井(之后还须进行水压测试和渗漏测量),以确保当前值符合预定限值。

由于岩体的异质性,通过钻孔测量,无法确认是否已达到渗漏限值。隧道开挖期间,在入口处的测量能提供渗漏的一些参数,但是在隧道内仍需进行定期的渗漏监控。在过去,若进行此类测试,则在排水沟固定间隔的栅栏处进行,边沟在此处进入主沟。图3-3表示带栅栏、沉砂井、边沟和主沟的永久排水系统布置。当采用该布置方式时,测量将相当容易。

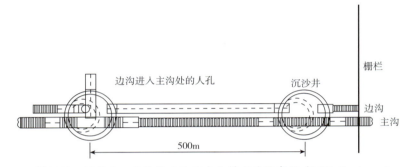

图3-3 带栅栏、沉沙井、边沟和主沟的永久排水系统布置(NSB Gardermobanen)

图3-4 进入主排水沟的检查井(NSB,Gardermobanen)

这些测量位置间的距离,应符合特定渗漏要求。渗漏限制严格的区域,测量位置间隔应比渗漏限制宽松区域的间距更小。还应在区域边界处设立测量位置,以监控在该区域内达到的渗漏限值。

在隧道施工初期,很难在截水格栅处进行测量。通常在完工阶段设立截水格栅,并安装永久排水系统。因此,栅栏处测量开始很晚,不会影响岩体(预)注浆计划。在确定所需其他用途管道的位置时,如临时集泥管等,应牢记渗漏限值,尽可能在早期阶段开始进行"中段隧道"测量。

3.6.2　隧道上方监控

隧道上方监控包括对湖泊和地下水含水层水位波动的监控、黏土内的孔隙水压力及河流和溪流的水量监控。在隧道施工早期阶段开始对隧道上方水位的监控十分重要，用以确保在施工前了解季节性降水量和降水年变化量。

数年以来，隧道工程中，在易沉降区域内安装压强计以测量孔隙压力，一直都是标准程序。在挪威，岩石含水层的地下水水位测量和湖泊水位测量，仅在后期才成为标准监控程序的一部分。

由于结晶岩含水层在裂隙、断层和断层带受到限制（表3-1），监控井应联系或穿过这些断裂线。此类断裂线通常是工程地质勘查的目标，可采取折射地震勘探、岩心钻探或详细制图进行勘察。通过使用雷达、影像或其他常见地质钻孔测井仪，可实现地下水位置观测与岩芯钻探孔评定。

若隧道上部地下水排水可能引起地表环境破坏，则通常对隧道上部土层的地下水水位进行监控。

通过使用电子压强计和各类自动化传感器，在一定程度上确保了即时监控隧道上方地下水水位，也确保了有效监控程序的顺利实施，进行使客户、承包商和公众，可在线获取水位和孔隙水压力变化。

3.7　本章小结

迄今为止，总承包商或建设单位已对隧道进行监控和测量，还应由独立团队负责隧道内外部的所有所需监控。此"外部"环境顾问应负责监控隧道施工向空气和水中废气、废水的排放，水的振动，噪声，水位，孔隙压力和渗漏。环境顾问负责向环境部门报告。

本章参考文献

[1] Driscoll F G. Groundwater and Wells[M]. Second Edition. Johnson F ltration System Inc. St. Paul，1986.

[2] Fetter C W. Applied Hydrogeology[M]. Third Edition. Macmillan College Publishing Company Inc. New York，1994.

[3] Hauger T. Groundwater as Supply Source[M]. Tapir forlag Trondheim，1979.

[4] Karlsrud K. Control of Water Leakage When Tunnelling Under Urban Areas in the Oslo Region[J]. Publication No. 12，2001.

[5] Johansen P M. Inflow criteria for a railway tunnel in the greater Oslo area[J]. NFF Publication No. 12, 2001.

[6] Otnes J, Restad E, et al. Practical hydrology Ingeniørforlaget[M] Oslo, 1978.

4 奥斯陆城市区域隧道施工时的水渗漏控制

Kjell Karlsrud

The Norwegian Geotechnical Institute

摘要： 在基岩上存在松软黏土层的城市地区，地下水渗漏至岩石隧道会导致上覆岩层结构的严重下沉和破坏。这种情况经常在奥斯陆地区出现。本章描述了为评估基岩上黏土层对渗漏水平的影响而制定的半经验程序，并评估了使用现有预注浆技术可实现的最低渗漏水平。另外，还讨论了使用永久衬砌和补充地下水，以降低水渗漏潜在的影响。

4.1 简介

在奥斯陆地区修建穿过市区的岩石隧道极具挑战性，因为基岩上经常出现海相黏土层，即使相对少量的地下水渗漏入岩石隧道底部或接近松软黏土层，都会大幅度降低黏土或岩石面的孔隙压力。随后，其将在黏土层中开始固结，并逐渐穿过土层向上隆起，如图4-1所示。此固结过程将导致地表的严重沉降，并严重危害未直接建造在基岩上的建筑物、结构和公用设施。

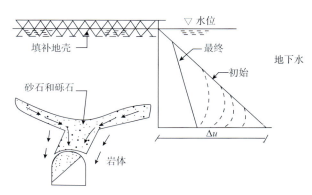

图4-1 黏土层内隧道渗漏对孔隙压力的影响

早在1912~1916年开挖穿过奥斯陆市区（Holmenkollbanen）的第一条地铁隧道时，就发现了这一问题。这条2km长的隧道造成了其周边公寓和办公楼30~40cm的沉降，并且在隧道线路500m以外仍出现沉降。具体沉降情况在Holmsen（1953年）、Karlsrud等（1978年）、Kveldsvik等（1995年）文章中均有所述及。

虽然已很好地理解了这种渗漏引起沉降的问题和机制（通常称为下沉），但找到最可行的减沉方法，仍是一个漫长的过程。

关于奥斯陆新建隧道，有人收集了隧道的渗漏量、黏土或岩石面的孔隙水压力和沉降量的数据。这些数据和隧道注浆、衬砌的经验，为应对隧道面临的渗漏沉降挑战，提供了重要参考。

4.2 控制渗漏的隧道工程和措施

4.2.1 概述

表 4-1 列出奥斯陆城区多数岩石隧道概况。交通隧道总长约 28km（地铁、铁路和公路），横截面面积达 40~100m^2；36km 长排水隧道，横截面面积为 10~15m^2。

表 4-1 奥斯陆地区隧道概况

序号	隧　　道	开挖时间	隧道长度（km）
1	Holmenkollbanen	1912 — 1916 年 1926 — 1927 年	1.4
2	至 Stortinget 地铁站的 OTB 运输隧道	1968 — 1970 年	0.3
3	Domkirken 至 Stortinget 及 Stortinget 站的 OTB 地铁隧道	1972 — 1975 年	0.9
4	Jernbanetorget 至 Stortinget 的 NSB 铁路隧道	1973 — 1975 年	0.5
5	Abelhaugen 至 O.K.plass 的 NSB 铁路隧道	1973 — 1979 年	2.0
6	VEAS 排水隧道	1976 — 1982 年	23
7	OVK 排水隧道	1975 — 1985 年	13
8	Stortinget 站 OTB 地铁交换回线	1982 — 1985 年	1.1
9	Festningen E18 公路隧道	1987 — 1989 年	1.4
10	Granfosslinjen RV160 公路隧道	1990 — 1992 年	2.0
11	Bekkestua RV160 公路隧道	1993 — 1994 年	0.7
12	E18 Vestbanen 交叉公路隧道	1992 — 1994 年	0.4
13	Rælingen 公路隧道	1995 — 1996 年	1.4
14	新国家剧院火车站	1996 — 1997 年	0.8
15	Romeriksporten 铁路隧道	1995 — 1997 年	14
16	Tåsen 公路隧道	1997 — 1998 年	0.9

4 奥斯陆城市区域隧道施工时的水渗漏控制

开挖所有排水隧道时,预注浆是进行水治理的重要方式。预注浆适用于大约一半的交通隧道,另一半交通隧道则配有混凝土衬砌。开挖部分隧道或隧道节段时,甚至可不对其进行任何预注浆。

隧道一般埋深相当浅(地下 20~50m)。根据沉积岩石(包括黏质页岩和结节状石灰岩,少数情况下存在阿伦页岩)岩性,采用常规钻探和爆破技术,建造多条隧道。在这些沉积岩中,经常会发现火成岩脉和侵入体,与基性岩相比,其含水量通常很高。

在表 4-1 中,全长 23km 的 VEAS 排水隧道是唯一由隧道掘进机挖掘的隧道。在 20 世纪 80 年代,要在工程所用的隧道掘进机上方进行预注浆是极具挑战性的,但最终还是得到了解决。

4.2.2 预注浆和已发现渗漏方面的经验

对于未注浆隧道或隧道的未注浆部分,测得的渗漏水范围为 15~80L/(min·100m)。对这些未注浆隧道目测表明,渗漏一般集中在断层带、断层和(或)沉积岩的火成岩脉/侵入区域。渗漏水最严重的区域,可集中引流排出,其看起来就像从小软管里流出来的集中水流一样。在中等深度的隧道内,已测得此类集中渗漏量可达 60~80L/(min·100m)(Karlsrud 等,1978 年)。在其他渗漏区域可观察到更有规律的滴水特征。

对于预注浆最成功且最系统的隧道,排水隧道渗漏量降至 2.5L/(min·100m),而交通隧道渗漏量降至 6L/(min·100m)。然而最近有事例表明,渗漏正在加剧,几乎接近未注浆隧道渗漏量。

根据式(4-1),使用相对简化的假定条件,可计算出流入岩石隧道的渗漏量,该假定条件如下:

(1)隧道位于同质介质上方,其各方向渗透性恒定。

(2)隧道深度较深($h/r \geq 3$~4)。

(3)地下水水位不受渗漏影响:

$$Q = \pi k h \frac{2}{\ln\left(2\frac{h}{r} - 1\right)} \tag{4-1}$$

式中:k——岩石透水性(渗透性);

h——水位以下深度;

r——隧道当量半径。

若最接近隧道面岩石的透水性被降至比未注浆岩石小约 10 的因子,可通过式(4-2)

计算隧道单位长度的渗漏量。

$$Q = \pi k_i h \frac{2}{\ln\left(\frac{r_e + t}{r_e}\right)} \quad (4-2)$$

式中：k_i ——注浆岩石区域透水性；

h ——水位以下的深度；

r_e ——隧道当量半径；

t ——注浆区域厚度 $t = r_i - r_e$。

式（4-1）和式（4-2）用于反算注浆及未注浆岩体的当量平均透水性。图 4-2 为帷幕预注浆示意图，图 4-3 和图 4-4 中列出了有关注浆参数之间关系。其中，列出反算透水率分别与平均标准注浆孔长度及正常注浆消耗量的关系。通过划分注浆孔的总长度，或在上述长度内，隧道内表面区域使用的注浆总量，确定这些标准值。注意：关于注浆消耗量，假设所用 1kg 水泥注浆等于 1L 化学注浆。

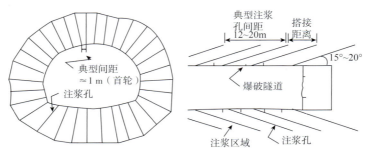

图 4-2 帷幕预注浆

对于注浆较少或无注浆的隧道，从图 4-3 和图 4-4 中可以看出，岩体反算平均透水率 K 的一般范围为：$0.8 \times 10^{-6} \sim 2.0 \times 10^{-5}$ cm/s。

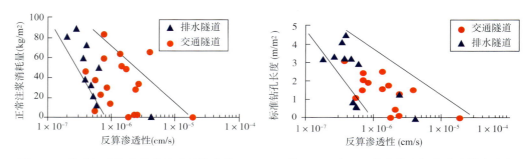

图 4-3 关于标准钻孔长度的反算渗透率　　图 4-4 关于正常注浆消耗量的反算渗透率

因此，很明显，根据岩石性质，隧道地下水渗入至未注浆隧道的预期可变性很大。

迄今为止，已实现的注浆岩石最低反算渗透率 k_i 的范围是：$(2\sim6) \times 10^{-7}$ cm/s。这是上述未注浆岩石渗透性的 1/100~1/25。

4 奥斯陆城市区域隧道施工时的水渗漏控制

图 4-3 和图 4-4 表明了所用注浆孔数量对已注浆岩石渗透性的降低量有着重要影响。关于注浆效率的一些额外定性观察如下：

（1）经过一般观察得出，仅有 10%~15% 的已钻注浆孔存在渗漏现象和明显吃浆量。这证实了从隧道内观察所得渗漏特点的大致效果，其涉及较早阶段多数岩石渗漏集中于局部隧道矿脉中。在节理或断裂系统的交叉区域可发现此类管道状矿脉，其为节理/断裂系统的节理粗糙度和相对位移的结果。此外，其可能为节理填充材料（如方解石，其通常位于上述沉积岩的节理处）局部侵蚀或化学溶解的结果。为使注浆孔阻隔此类含水隧道，需使用密集型钻孔模式。例如，在出现含水矿脉前，在约 10m² 的表面区域钻取约 100 个注浆孔。

（2）同样通过一般观察得出，高注浆压力（至少 30~40bar）提高了注浆量，有效降低了渗透性。这是因为使用高注浆压力将会引起水力压裂，因此，即使注浆孔未直接接触隧道，其也会使直接接触含水量最高的隧道变得更加容易。因而，在某种程度上，与中等的注浆压力（10~30bar）相比，较少的注浆孔使用高注浆压力便可获得相同的注浆效果。使用高注浆压力可使注浆距离增大。若干实例表明，注浆可到达地面并进入基底、排水和集水管道。因此，应控制并设定各孔进浆量。

（3）使用高注浆压力的另一潜在好处是，其将提高岩体注浆的"预应力"效果，从而提高隧道的稳定性，减少相对节理位移，并降低隧道启用时节理开裂的趋势。

（4）市场上存在多种不同的可用注浆类型。应根据岩石条件和可接受渗漏水平，评估最适用的注浆混合料类型。当然，这也属于成本问题。一般而言，微细水泥的费用要比标准硅酸盐水泥高出 3~4 倍，且用于凝固的时间、渗透、凝胶强度和脱水收缩作用（丙烯酰胺注浆）控制的性能最好的化学注浆，其费用可能比标准硅酸盐水泥高 10 倍。

（5）毫无疑问，使用高注浆压力强化了标准硅酸盐水泥和微细水泥的现有效果，降低了对高渗透化学注浆的需求。在如今的在建隧道工程中，引入了标准硅酸盐水泥和硅粉的混合物，其可提高注浆的渗透性，并获得使用微细水泥才能获得的结果。同样要注意，在挪威和瑞典，考虑到潜在的健康风险，公共卫生当局几乎已经禁止使用化学注浆。

4.3 黏土填充凹陷处隧道渗漏和孔隙压力的关系

图 4-5 为表 4-1 中的所有隧道工程隧道轴线正上方黏土/岩石面处观察到的最大孔隙压力下降量 Δu_R 的汇总图。正如预期，孔隙压力下降量与渗漏水平之间具有相关性。可通过几个因素解释数据中的离散性，如：

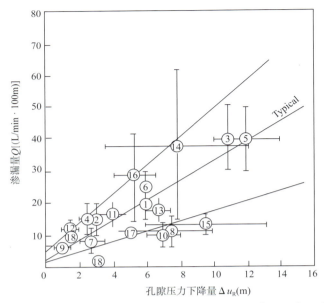

图 4-5　隧道正上方黏土/岩石面测得孔隙压力下降量与渗漏的关系

1）区域水文地质条件的差异

重要的因素如下：

（1）岩石自然透水性（注浆前）变量，特别是高透水结构的范围，及其相对于隧道轴线和黏土填充凹陷的方向。

（2）在黏土和基石间过渡地带存在粗糙沉积物（冰河砂）。

（3）黏土填充凹陷的深度和横向范围。

（4）可能影响地下水自然渗透的地形和其他特殊情况。

2）具有代表性的渗漏测量

（1）准确测量渗入在建隧道中地下水的水量时，将面临许多实际问题。例如，需分别确定钻探时的用水量。

（2）对于上述隧道，已在 200~2000m 长度范围内（一般长度）对渗漏进行了测量。渗漏量已在测量距离内达到平均值，但所有渗漏目测观察表明局部渗漏变化显著。例如，长度为数百米的隧道内，近 80% 或更多的渗漏集中于长度在几米范围内的少数区域。这意味着数百米内的平均渗漏可能不具有代表性，尤其是当孔隙压力测量点和局部高渗漏区域有紧密水力接触时。

图 4-5 中的数据表明，为避免对黏土填充凹陷的孔隙压力造成影响，隧道内每百米渗漏量应小于 2~5L/min。

4 奥斯陆城市区域隧道施工时的水渗漏控制

图 4-6 表明测量所得最大孔隙压力下降量与至隧道轴线距离的关系。如所预料，下降量随隧道距离的增大而降低。对于迄今为止已出现的最大渗漏水平，影响区域最大可达 500~600m。一项关于图 4-6 中数据的更详细研究表明，Δu_R 与距离的减少基本不受渗漏水平的影响，且每 100m 距离的减小对应 2m。当将其与图 4-5 中的数据相结合，可发现影响距离随渗漏水平的降低而降低，如图 4-7 所示。

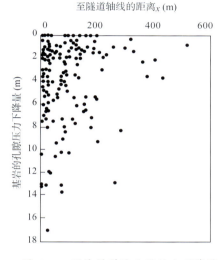

图 4-6 测量得到的孔隙压力下降量与至隧道轴线水平距离关系

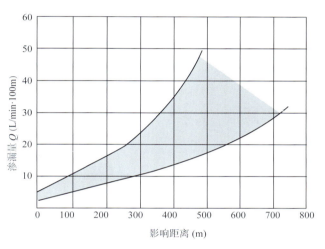

图 4-7 影响距离与渗漏水平的典型关系

4.4 确定沉降的可能性

对于给定基岩水平处的孔隙压力下降量，可通过相对传统的固结理论，计算句上孔隙压力下降量，以及黏土层中的随同固结的应变或沉降。规定输入为黏土的预固结压力、压缩性和固结系数，典型岩土的确定形式、土壤取样和里程表测试。必须规定最终均衡孔隙压力下降量（当 $t=\infty$ 时）。

迄今为止，所有经验都表明，即使大量的渗漏也不会影响这些黏土层中的上层天然地下水水位，除非该黏土层很浅或横向范围十分有限。其原因是穿过黏土层的水实际流量（即使渗透坡度很大）远远小于降水的天然渗透量。因此，将由稳定状态的向下渗漏溶解确定为最终均衡条件。若黏土的渗透性随深度的变化恒定，则意味着均衡孔隙压力将呈线性分布。

图 4-8 说明了奥斯陆黏土条件与 Δu_R、黏土层厚度相关的典型最终固结沉降的关系。但是，黏土层在某些区域可能会过度固结，并大大降低预期沉降。

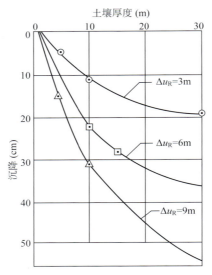

图 4-8 典型奥斯陆黏土沉降、土壤厚度和孔隙压力下降量之间的联系
Δu_R—岩石表面孔隙压力下降量

4.5 水控制的隧道衬砌经验

表 4-1 中的有些交通隧道设计存在永久防水混凝土衬砌。即使在节理处配有防水层，混凝土衬砌本身也并不防水，其主要由收缩裂缝和奥斯陆地区冬夏巨大温差造成的裂缝引起（隧道内冬天和夏天的极端温度差异可达 65℃）。

通过观察没有采取任何特殊止水措施的混凝土衬砌和采取止水带措施的衬砌渗漏量，隧道渗漏水量约为 10~40L/（min·100m）。这意味着混凝土衬砌实际上不对隧道渗漏量产生任何影响。

在表 4-1 中的奥斯陆铁路和地铁隧道中，使用了钢筋混凝土衬砌。在引入系统性接触注浆后，对衬砌和岩石间接面进行高压注浆，以降低穿过衬砌的渗漏（Karlsrud 等，1978 年）。这一措施相当成功，已测得这些隧道内的渗漏量小于 1L/（min·100m）。这远远低于仅进行预注浆的隧道所达到的数值。孔隙压力测量表明，在此渗漏水平下，恢复了附近区域的天然孔隙压力条件。

在 Festningen 公路隧道中，为避免出现裂缝和渗漏，采取无钢筋混凝土衬砌和局部注浆密封。结果，在此情况下很难阻止渗漏，主要原因是持续周期性变化的温度使已注浆裂缝（节理）重新开裂，或一段时间后又出现新的裂缝。因此，Festningen 隧道在通车后，对新旧裂缝进行多次重新注浆。此外，该双线隧道的渗漏量依然为 6L/（min·100m）。

4 奥斯陆城市区域隧道施工时的水渗漏控制

在 Festningen 隧道之后建造的 Vestbanen 交叉隧道（与 Festningen 隧道相连），在内外部混凝土衬砌之间采用了 PVC 防水薄膜（例如，在欧洲大陆普遍使用的薄膜）。其带来了令人满意的结果，但并未完全阻止渗漏。该薄膜使用时需要避免被刺穿，这要求在整个工程期间，要极其小心地进行控制并仔细检查。同时，该解决方案所需费用比单一钢筋混凝土衬砌高。

传统混凝土衬砌的建造需要耗费大量时间，且其若接近隧道面，则会明显干扰爆破和挖掘工程的进度。实际上，衬砌通常位于隧道面不小于 100m 的下方，还应考虑隧道可能造成黏土填充凹陷 500~600m 距离内孔隙压力的下降。这表明在沿隧道延伸（其影响特定黏土填充凹陷）完成建造完全防水隧道前，可能需要 6~12 个月的时间。在此期间，可能发生孔隙水压力下降和下沉。因此，为了衬砌隧道，应进行预注浆或采取与地下水降水措施相结合的方法。

4.6 为弥补渗漏，使用地下水抽排措施

与表 4-1 中的许多隧道工程相关，已采取地下水抽排措施，以弥补渗漏（若渗漏量高于可接受水平）。经证明，迄今为止最有效的抽排方式是直接钻井至基岩中预期含水量最高的区域（Karlsrud 等，1978 年）。从隧道和地表开挖抽排井的经验表明，应在距离隧道面至少 20~30m 的距离进行抽排，以限制水直接流入隧道的可能性。若已进行预注浆且至少在一定程度上阻止了多数极端渗漏，则可提高抽排成功的概率。

多数隧道衬砌按计划修补，或采取临时措施。对于表 4-1 中的一些无衬砌隧道，其未通过预注浆或后注浆实现足够小的永久渗漏量，也应用地下水抽排作为永久解决方案。通过采取合理的维护程序可避免水井堵塞，一些抽排钻孔至今已运行了大约 20 年。

隧道施工水泵机械排水

4.7 本章小结

几十年的工程经验为处理奥斯陆地区隧道施工所面临棘手的水渗漏和下沉问题奠定了坚实基础。这些问题与在松软、可压缩黏土沉积物附近进行岩石隧道挖掘有关。

若无减少渗漏的措施，隧道开挖可能引起隧道5~600m范围内的孔隙水压下降，并导致黏土填充凹陷处的沉降。

若渗漏率一般变化范围大约为2~10L/（min·100m），则可设定相当精确的渗漏要求。

在大多数情况下，通过大量预注浆工作可给出可接受的渗漏水平。但是，要确保业主和承包商保持对预注浆操作的必要关注，其具有一定的挑战性。

使用较高注浆压力显然有益，但考虑在主要基岩条件下使用何种最优注浆方式同样重要。在下一轮爆破钻孔后，持续注浆，直到观察不到有水从隧道面流出。在极端情况下，可能需要数轮注浆并需要数周时间。

从奥斯陆地区隧道施工得到的经验表明，隧道系统预注浆的费用通常比挖掘费用（无任何注浆）增加50%~70%。这一费用仍远低于建造永久防水衬砌的费用，永久衬砌的费用使挖掘费用增加100%~150%。

同样须注意：即使计划进行防水衬砌现浇筑，也不得忽略对注浆的需要，因为此类衬砌就位至少需要6~12个月，并且在此时间段内，会发生显著沉降。因此，衬砌应始终与预注浆相结合，并与地下水抽排井相结合（若可能），直到衬砌就位且已充分防水。

在近期存在注浆影响不确定性的隧道工程中，扩大隧道横截面为隧道的后期衬砌提供充足空间（若认为必要），这是合理降低风险的方法。

通过钻挖隧道和预制节段衬砌系统，可显著降低隧道掘进和防水衬砌就位的循环时间。对于此类隧道，可能无须进行预注浆。应进行隧道施工后期成本效益和技术评估，以确定该方法是否适合奥斯陆地区未来的部分隧道工程。

本章参考文献

[1] Holmsen G. Regional Settlements Caused by a Subway Tunnel in Oslo[M]. 3rd ICSMFE, Proceedings Vol.1, 1953, 381–383.

[2] Karlsrud K, Sander L. Proceedings Int. Conf. on Evaluation and Prediction of Subsidence. Pensacola Beach, 1978. Also printed in Norwegian Geotechnical Institute Publ.

[3] Kveldsvik V, Karlsrud K. Support and Water Control in Oslo. World Tunnelling, Vol.8, May 1995, 167–171.

5 建设城市道路隧道——地表问题的地下解决方案

Kjell Inge Davik

Norwegian Public Roads Administration

Helen Andersson

Geoteknisk Spiss-Teknikk AS

摘要：在城区规划和隧道建设中需以环境友好型建设为理念，这一理念作为挪威研究理事会1998—1999年启动的全面研究和开发项目的基础。"市民隧道"项目包括预调查、环境问题以及水治理技术。简而言之，其目的是使运输隧道更具成本效益优势，并减少对环境的影响。对隧道项目中有关注浆经验进行整理形成"隧道预注浆策略汇编"。除挪威外，世界各国建于1995—2001年间的隧道也在研究之列。所选隧道工程反映了不同条件下水治理的诸多经验和教训。本章列举了这些隧道水控制的数据及结果，以及研究得出的一些结论。其目的是表明城区隧道地下水治理方面所面临的挑战以及最新进展。本章重点关注环境要求，以及如何通过隧道注浆的方法实现环保。

5.1 简介

挪威交通系统包括约700km公路隧道、250km铁路隧道以及40km地铁隧道。20世纪90年代末，建设Romeriksporten铁路隧道期间，遇到一些严重问题，突出表现在地下水治理方面。所遇到的具体问题是，如何在考虑周边环境的情况下，进行城区规划和隧道建设。为此，由挪威业主、承包商、顾问以及挪威研究理事会出资，于1998—1999年启动了一项全面研究及开发项目。简而言之，其目的是发展并改进挪威隧道技术，使运输隧道更具成本效益优势，并减少对环境的影响。经初步调查，设立进一步研究的区域后，对主要项目进行如下细分：

（1）子项目A"预调查"——在若干项目中尝试了不同的调查方法，并寻求初步调查的最佳范围。

（2）子项目B"环境问题"——研究了隧道渗漏、孔隙压力变化、损坏之间的关联性，并对隧道渗漏、植被或水源易损性的可接收限值进行分类汇总。

（3）子项目 C"地下水治理技术"——对水泥浆液及注浆流程的研究，涵盖正常条件与困难条件、严格密封要求与自然密封过程中水渗入的情况。

有关各子项目范围内不同活动的目标及状态的更多信息，详见挪威隧道协会网站 www.tunnel.no。

5.2　隧道预注浆项目

将子项目 C 的两项研究内容联系起来，构成一项以"隧道预注浆策略"为重点的研究项目。旨在常规注浆流程与常规注浆不可行时，制定适应恶劣条件的注浆流程。这两项研究内容的研究目标描述如下：

1）省时的标准注浆流程

（1）编制正常条件下隧道注浆的合格及不合格标准（包括采用常规方法预注浆时，地下水治理的要求）。

（2）制定时间与质量最优化的注浆流程，即：最好仅进行一轮注浆后，快速密封岩石。应研究基于传统及创新技术的方法，如相关程序、注浆材料、设备、组织等。

2）适应恶劣条件的注浆流程以及严格的渗水量要求

（1）编制恶劣条件下隧道注浆的合格及不合格标准，如有限岩石覆盖层、较差岩石质量和（或）复杂的隧道设计相结合的严格密封要求。

（2）制定能够应对恶劣条件的密封方法，如相关程序、注浆材料、设备、组织结构等。

重点关注以下情况：

（1）隧道内高渗透岩体及严格的进水量要求。

（2）隧道内低渗透岩体及严格的进水量要求。

（3）不同渗透区域及临界稳定性要求。

（4）有限岩石覆盖层，以及对沉降敏感的覆盖材料。

（5）两条平行隧道或其他岩体之上、之下、附近的交叉隧道。

因此，该研究的初始阶段涉及选择所需研究的隧道项目。隧道的选择遵循以下标准：

（1）典型现代注浆策略和方法范围。

（2）经详细说明的注浆作业及结果。

（3）相关的严格进水量要求。

（4）地下水治理方面所做的大量工作。

所选隧道工程均为公路隧道，在城区内或城区附近开挖，通常土壤及岩石覆盖层厚度有限，或存在恶劣的地面条件。隧道预注浆项目于 1995—2001 年开展，期间，人们逐渐重视地下水位可能降低带来的后果。

简而言之，研究资料的整理遵循以下思路：

（1）汇总并研究所选隧道项目的现有数据及报告。

（2）与业主（承包商等）会面，以获取补充数据。

（3）编制初步报告，并分发复核。

（4）完成包含讨论内容的最终报告。

环形地铁隧道内的注浆设备（图片来源：Knut Boge）

挪威公路管理局报告中对所选隧道的数据及研究结果进行了深入介绍。

5.2.1 奥斯陆 Tåsen 隧道

位于奥斯陆市的两条 Tåsen 隧道为有限岩石覆盖层及不同渗透性（有时高）岩体隧道的示例。主要存在沉积岩，例如黏质页岩和石灰岩，并由火成岩岩脉（例如正长岩斑岩和辉绿岩）隔断。隧道最大进水量适中，每条隧道渗水量为 10~20L/（min·100m）。隧道区段中，根据探测孔中测得的水渗漏情况进行注浆，但是在高破碎正长岩附近，应进行系统注浆。ANGI 的报告中包含预注浆方案，并侧重于孔隙压力情况及沉降推断，研究结果表明两条 Tåsen 隧道内须进行 800m 系统预注浆。但在某些位置观察到隧道上孔隙压力水平大幅降低，最低可达 7m。在隧道内，选择从井中进行永久性水渗入，用以保持孔隙压力。Tåsen 隧道主要数据如表 5-1 所示。

5 建设城市道路隧道——地表问题的地下解决方案

表 5-1 奥斯陆 Tåsen 隧道主要数据

隧道长度	933（东部管道）~937 m（西部管道）
隧道设计	两条平行隧道及若干坡道，横截面积介于 65~80 m² 之间
施工	1997—1998 年
总渗水量	13 L/(min·100m)（各管道内平均值）
允许最大渗水量	系统注浆时为 10L/(min·100m)，其他情况时为 15~20L/(min·100m)
平均耗水泥量	每孔 478 kg，孔内每米 24 kg，注浆隧道每米 802 kg，注浆隧道每平方米 26 kg，每次 870 kg

在条件较恶劣的区域，开始注浆的钻孔内出现一定的渗漏，但符合渗水量要求。高度破碎正长岩内存在严重的问题，例如钻孔困难、隧道内大量浆液流出、岩石内浆液渗透有限，另外还有岩石支护的问题。施工期间，优化注浆系统，其涵盖以下内容：

（1）选择探测孔泄漏代替水损失，作为度量标准。

（2）渗漏及孔隙压力急剧下降时仍保持注浆标准。

（3）在条件恶劣区域，将注浆扇形区长度从 24m（外部）缩减到 10~18m（内部）。

（4）隧道内大量浆液流出时，通过 10m 孔进行掌子面注浆。

（5）低注浆量时，将 20~25bar 初始注浆压力增加至 35~45bar。

（6）选用较大直径（64mm）钻头，以降低钻头钻进故障率。

（7）已尝试使用微细水泥，但未得出明确结论。

（8）使用聚氨酯进行后注浆，从某种程度上可减少渗漏。

5.2.2 奥斯陆 Svartdal 隧道

位于奥斯陆的 Svartdal 隧道，隧道设计复杂、岩石覆盖层薄至 2.5m，Ekeberg 断层地质条件恶劣，岩体质量较差；隧道西部为高度破碎的黏质页岩，以及质量很差的明矾页岩——"碎裂岩"。由于需要大量的岩石支撑，在这些区域施工的速度很慢。穿过明矾页岩区域，是质量相对较好的片麻岩。然而，由于隧道上存在水分，且其上的建筑结构基础不稳定，恰恰需要在该区域注浆。

业主对隧道密封的要求十分严格，渗透量为 5L/(min·100m)。注浆原则以从探测孔测量泄漏量为基础。两条 Svartdal 隧道内，进行全长 260m 的系统预注浆，依据初始注浆合同对有关数据进行评估。Svartdal 隧道的主要数据如表 5-2 所示。

表 5-2 奥斯陆 Svartdal 隧道的主要数据

隧道长度	1450（南部管道）~1700m（北部管道）
隧道设计	两条平行隧道及毗邻坡道，横截面积为 65m^2
施工时间	1998—2000 年
测得总渗水量	150L/min，即各管道 4.3L/(min·100m)
允许最大渗水量	5L/(min·100m)
平均耗水泥量	每孔 1358kg，孔内每米 80kg，注浆隧道每米 1719kg，注浆隧道每平方米 50 kg，每次 978kg

所测得的 Svartdal 隧道（包括 Ekeberg 断层关键通道）最终进水量，符合渗水量要求。由于未进行隧道节段的渗漏测量，渗漏位置不明，因而无法正确评估注浆结果。已对系统注浆计划进行修改，以适应当地特别是岩石覆盖层厚度极其有限，以及岩体质量极差的条件。由于接缝和脆弱地带陡倾，主要变化包括注浆孔的方向及长度。其他因素包括：

（1）启动注浆的探测孔渗漏程序，但从相反孔测量渗漏比较困难，可能导致低估注浆量情况的发生。

（2）将爆破孔用作控制孔，以检查地下水治理工作的效果。

（3）钻孔困难，迫使注浆孔短于计划的 21m。

5.2.3 Stavanger Storhaug 隧道

Stavanger Storhaug 隧道未来项目位于挪威西南部，Stavanger 是大西洋港口，也是拥有 112000 居民（据 1999 年统计数据）的现代化城镇。为解决地面道路交通引起的环境问题，建设了位于该市市区下方长度为 1260m 的 Storhaug 隧道。根据隧道设计的 T9 剖面图可知，该隧道为双向双车道，理论横截面积为 50m^2。

Storhaug 隧道内的注浆作业

除了地质和土壤条件外，梯度和两侧道路连接的两个点确定了隧道水平及垂直曲率。

5 建设城市道路隧道——地表问题的地下解决方案

岩石覆盖层厚度极其有限,且隧道顶部及地面之间最小距离为 4~6 m。

Storhaug 隧道穿过城市最古老建筑的下方,该建筑建造于 1900—1950 年,其中大部分为木质房屋,且混凝土基础质量各不相同。多数建筑通过打传统木桩作为地基基础的方式,建于泥炭沼泽区域,还有部分建筑是"漂浮"的。隧道施工起始于 1999 年年初,并于 2001 年 5 月通车。

Storhaug 隧道在含有不同类型渗透性极低的千枚岩的岩体内开挖。渗漏水量限制在 3~10L/(min·100m),并根据泥炭沼泽规定取较低值。该区域内,隧道进行了约 165m 的系统注浆。已完成该隧道项目关键文件编制,主要数据见表 5-3。

表 5-3 Stavanger Storhaug 隧道主要数据

隧道长度	1260 m
隧道设计	单隧道,横截面积为 85m^2
施工	1998 — 2001 年
测得总渗水量	1.6 L/(min·100m)
允许最大渗水量	1250~1550m: 3L/(min·100m); 750~900m: 10 L/(min·100m)
平均耗水泥量	每孔 112 kg,孔内每米 8 kg,注浆隧道每米 1014 kg,注浆隧道每平方米 26 kg,每次 273kg

1999 年夏季,Storhaug 隧道的渗漏测量显示在泥炭沼泽下的平均渗漏量为 1.6L/(min·100m)。通过使用系统注浆计划获得了令人满意的结果,该计划包括以下组成部分:

(1)探测孔水泄漏及水损失测量,以及由于缺少一致性信息而进行的后续水损失测量。

(2)85m^2 隧道的最优注浆孔数量为 62 个(包括洞门的 12 个孔),孔长为 14 m,以及两个 3 m 长的炮孔,这形成了注浆双覆盖层以及大量钻孔米数。

(3)微细水泥(U12)、注浆辅助工具、低水灰比(0.4~1.1,通常为 0.7~0.9)、注浆压力在 30~50 bar 之间变化,基础压力为 70 bar。

5.2.4 Drammen Bragernes 隧道

Drammen 市是位于奥斯陆市西南方向 30 km 的城镇。Bragernes 隧道挖掘从火山岩体(例如玄武岩和斑岩)中穿过。岩石覆盖层厚度介于 10~150 m 之间,平均厚度为 100m。岩体具有高渗透性,且隧道位于现有地下设施附近。建议全长 1200m 的最大渗水量为 120L/min,其渗水量介于 10~30 L/(min·100m)之间。系统注浆几乎在整个隧道范围内进行,其目标是首轮注浆后实现可接受的密封效果。已对注浆工

作进行文档记录，且根据原始施工合同对数据进行评估。Bragernes 隧道主要数据如表 5-4 所示。

表 5-4 Drammen Bragernes 隧道主要数据

隧道长度	2310 m
隧道设计	单隧道，通风和逃生隧道，横截面积为 72~83 m^2
掘进	1999 — 2001 年
测得总渗水量	平均值为 10L/(min·100m)，即 240~1730m，8 L/(min·100m)；1730~2540m，25 L/(min·100m)
允许最大渗水量	400~800m 及 1700~1900m，30L/(min·100m)；800~1700m 及通风隧道，10 L/(min·100m)
平均耗水泥量	每孔 2257 kg，孔内每米 68 kg，注浆隧道每米 1125 kg，注浆隧道每平方米 38 kg，每次 2774 kg

通过系统预注浆，在隧道上方，进行充分的地下水治理工作，当渗水量标准为 10L/(min·100m) 时，关键区域所测得的渗漏水量为 8L/(min·100m)。整个工程期间采用主动设计，使一些注浆计划变更（主要基于地质因素）。首先，长度为 22 m 的 21 个孔和各注浆孔组之间两个 2~3 m 炮孔，变更为 7 个 27m 的等横截面积（72~83m^2）的孔洞，以及间距为 5m 的 4 个炮孔。注浆量达到最大程度，且注浆泵的高压与容积能力已达到最大使用限度。这促使注浆以高度标准化的方式进行，并产生了可观的时间效益。注浆计划具有以下特点：

（1）规定探测孔的水泄漏量为注浆依据，即 1~6 孔为 5L/min，但注浆几乎在整个隧道进行。

（2）如果单一孔洞内的注浆量超过 1000kg，将发出通知，随后变化至 5000kg，达到 3000 kg 后，水灰比应降低至 0.5。

（3）横截面积为 72~83 m^2 的隧道注浆孔数量减少至 7 个，但在隧道最后节段（渗透性较低的上覆岩层），孔洞数量增加。

（4）使用快凝、低水灰比（0.5~1.0）水泥浆、高注浆压力（存在覆岩层时为 80~90bar，隧道最后节段为 20bar）进行注浆。

有高度破碎及渗透性高的岩石，穿过 Bjerringdal 断层时，必须在下一轮注浆之前，操作同一掌子面的多个注浆孔组以及仅有的 1~2 个炮孔。注浆作业也包括第一孔组中的较长孔洞，以达到阻断水流以及实现 90bar 注浆压力目的。该区域内，单个注浆孔组的进浆量最多为 60t。

5.2.5 Kristiansand Baneheia 隧道

克里斯蒂安桑市（Kristiansand）位于挪威南部，约有 65000 居民（1996 年）。

5 建设城市道路隧道——地表问题的地下解决方案

为解决穿过克里斯蒂安桑市主干道（E18）的交通问题，决定建设两条新的隧道，引导市区中心向外的交通。隧道长均为 750m，同时包括两个十字路口（图5-1）。在交叉区域，隧道间的距离为 1~2m，因此，在建设底部隧道之前，必须先建设顶部隧道，并加固两者之间的岩石。同时，该隧道建设于现有岩体洞室下方（最小距离仅为 2m），横截面积介于 30~70m² 之间。交叉区域隧道跨度可达 30m，且其岩石覆盖层较小，导致岩石不稳定问题的发生。

图 5-1 Baneheia 隧道系统概况

克里斯蒂安桑市 E18 Baneheia 隧道在含有带结晶花岗岩岩脉的低渗透性片麻岩的岩体内挖掘。岩石覆盖层为 10~40m，并且，该隧道设计复杂，与上方一个具有 3 个湖泊的名胜游览区的距离仅 19m。该项目引起媒体的关注，尤其是隧道水治理方面（包括预调查）。隧道总渗水量设定为 60 L/min，其中湖底段 500m 为 6L/(min·100m)，其他 100m 单洞为 12 L/(min·100m)。

最初，根据探测孔内水渗漏观察结果和水损失测量数据进行注浆，由于信息不一致，水损失测量数据未被使用。在早期，进行系统预注浆，有项目文档可供参考，并且，已有两篇有关注浆方面的硕士论文对该项目的注浆数据进行了研究。Baneheia 隧道主要数据如表 5-5 所示。

表 5-5 克里斯蒂安桑市 Baneheia 隧道主要数据

隧道长度	总长 3000m
隧道设计	两条平行隧道及若干毗邻坡道，横截面积为 44~87m²
施工	1999—2001 年
测得总渗水量	1.7L/(min·100m)
允许最大渗水量	共计 60L/min，Stampene 湖附近 6~12L/(min·100m)
平均耗水泥量	每孔 256kg，孔内每米 15kg，注浆隧道每米 514kg，注浆隧道每平方米 14kg，每次 755kg

测得的 Baneheia 隧道总渗水量为 1.7 L/(min·100m)，表明已满足密封要求。但由于下坡开挖，未进行隧道节段的渗漏测量。由于零星注浆力度不够，因此，对总长度的 95% 进行了系统注浆。这就产生了一个标准化的大容量注浆流程，并应与挖掘作业相协调一致。可对注浆计划内的以下因素加以强调：

（1）50~80 m 长的隧道注浆孔的最优数量为 30 个（包括掌子面的 4~7 个孔），孔洞长度为 21~24m，其中带有 3 个 5m 长的炮孔，形成了 9m 重叠，以及数量大的钻孔米数。

（2）注浆的目标是一轮注浆后达到一个可接受的密封效果，并在钻出控制孔之前在重叠区域进行一轮爆破。

（3）使用微细水泥（U12）、低水灰比（0.7~0.9）、不同的注浆压力（最大 50~80 bar）进行注浆，隧道邻近 Stampene 湖。

少数区域带有高渗透性岩石，同一洞门需要数个注浆孔，且下一轮注浆之前仅可进行 1~2 轮爆破。注浆作业还包括已缩减长度的注浆扇区[自 17~24m（外部）缩短至 8~15m（内部）]，以及快速固结型 Thermax 注浆。两条平行隧道之间的距离为 4~22m，开挖速度存在差异，可能会使注浆更加容易，且第二条隧道的耗浆量较低。

Baneheia 隧道注浆孔钻孔

5.3 项目成果

已对近 5 年内开挖的 6 条不同隧道项目中获得的数据及经验加以汇集、整理。本章所述隧道项目均位于挪威境内，在不同岩体、水文地质和岩石覆盖层不同的条件下，这些项目的最大允许渗水量各不相同，渗漏的限制因素也存在差异。

5 建设城市道路隧道——地表问题的地下解决方案

人们越来越重视城区隧道开挖可能造成的影响，系统预注浆在过去几年内的迅速发展。本章有关研究表明，即使对于渗水量要求适中的隧道，只以探测孔泄漏为基础的注浆工作仍不能满足工作要求。而在整个隧道内采用标准化的注浆系统，对挖掘工期及渗水量控制最有利。注浆程序的编制具备以下特征：

（1）增加钻孔容量及精度，有助于找到最佳注浆孔数目条件下的所需钻孔米数。

（2）增加对超级增塑剂和二氧化硅添加剂的使用量，以提高注浆及微细水泥的渗透性及泵送能力。

（3）较好的渗透性使使用低水灰比成为可能，这样可以提高注浆质量，并增加水泥的泵送能力。

（4）使用第（2）、（3）条完整注浆路线及注浆设备（泵、催化剂及搅拌器），改善运输、称重、混合及泵送能力。

（5）在若干项目内使用较高注浆压力（高达 90bar），可产生较好的渗透性及较高的注浆能力。

（6）从 Storhaug 隧道所得经验表明，注浆工作对岩体稳定性有着重要影响，可降低隧道对岩石支撑的需求。

进一步研究上述特征，可得出注浆类型、注浆量及常规注浆现场混合设计等方面的注浆优化。

对于常规注浆不能满足使用要求时，为适应恶劣条件与严格的密封要求，有关报告中描述了若干引人关注的情形。项目当中有 4 个含有平行隧道，而一条隧道的洞门往往位于另一条隧道前面数十米，在稳定性方面，为注浆提供了有利条件。由于岩石覆盖层厚度有限，自然要使钻孔布置及注浆压力与之适应。在质量差的岩石内，或对于密封要

Baneheia 隧道掌子面注浆管打设

Baneheia 隧道掌子面准备注浆

求极其严格的隧道，注浆孔长度往往较短。

研究了井下封隔器或锚杆周围渗漏等问题。最后，该项研究重点关注注浆质量控制因素改进等方面，如：检查水泥浆的流变，测量隧道内水渗漏，以及评估最终渗水量结果和要求。

5.4 本章小结

Romeriksporten 铁路隧道建设期间所获得的预注浆施工经验（该区域内地下水大幅度减少），引起了隧道建设者及研究人员的热切关注。研究表明，在过去 5 年时间内，通过使用该项注浆技术，成功建成大量隧道。

"市民隧道"项目于 2003 年年底完成。由于对城区防水隧道与环境友好型的隧道开挖理念的关注不断增强，预注浆施工技术研究恰逢其时。已制定地下水治理策略及一系列隧道现代化预注浆方法。当前，这些成功经验正在奥斯陆市的环形地铁隧道中得以验证，其结果将对未来隧道挖掘项目大有裨益。

本章参考文献

[1] Andersson H, Davik K I, Andal T. Tunnels for the Citizen- a Norwegian R & D project. Rock Grouting Seminar, Stockholm, 8th Nov, 2001.

[2] Davik K I. Miljø- og Samfunnstjenlige Tunneler-Statusrapport fra Bransjeprosjektet. Fjellsprengning Skonferansen, 2000 (in Norwegian).

[3] Anon. Closing the ring in Oslo. Tunnels and Tunnelling, July 2001, Anon.

6 海底岩石公路隧道水治理的设计和施工

Olav Torgeir Blindheim
O. T. Blindheim AS

Eirik Øvstedal
Norwegian Public Roads Administration

摘要：本章介绍了挪威海底岩石公路隧道的水治理设计和施工。由于很难精确预测水的出现，因此针对水位置及体积的较大变化时，必须在掌子面前进行超前钻探。可通过预注浆实现所需密封度。所有结构，包括混凝土衬砌均排干水。当无水滴落在车道上时，在所有节段内安装防霜冻滴水防护屏蔽。排泄水在位于最低点的排水集水井内收集并抽出。经验表明，在大多数隧道渗漏量随时间推移而减少。

6.1 简介

安装艺术灯光的已完工 Oslofjord 隧道

6.1.1 水问题的特点及治理

谚语"预防胜于治疗"非常适合隧道水的治理，对于海底隧道尤其如此。尽管近期广泛应用实地勘测技术，但是仍很难预测隧道水存在的位置和程度。在海底隧道的所有规划、设计、招标、建设阶段必须对其进行考虑。

虽然，完全可以通过预注浆减少隧道水渗漏量，使其达到目标水平，但预算、工期和合同必须考虑施工期间水治理所需的大量工作，以及可能出现的重大变化。

海水的渗漏表明，材料及结构的耐久性面临挑战。然而，从建于挪威长达22年之久的22条海底隧道中得出的经验表明，该问题能够得以解决。

6.1.2 已竣工隧道

如表6-1所示，这些隧道的规划、设计及施工获取的经验较有借鉴意义。挪威隧道协会已交流并梳理了所获得的经验教训。公路管理机构建设部门批准了符合要求的所有方案，并检查了所有投标文件，以确保施工质量。解决方案具有成本低、效益好的特点，并促使所用方法稳定发展。典型施工时间为2~3年或更短。

表6-1 已完工公路隧道（2001年的Melbye和Øvstedal隧道）主要数据

隧道名称	通车时间（年）	长度（m）	最大深度（m）	入口进水量 L/(min·km)	注浆量（kg/m）	防水和防霜冻量（m²/m）
Vardø	1983	2892	88	460	25	16
Ellingsøy	1987	3520	140	310	10	14
Valderøy	1987	4222	145	310	10	14
Kvalsund	1988	1650	56	200	0	9
Godøy	1989	3844	153	300	430	7
Flekkerøy	1989	2327	101	100	50	6
Hvaler	1989	3751	120	100	15	6
Nappstraum	1990	1780	60	200	40	8
Fannefjord	1991	2743	100	140	15	8
Maursund	1991	2122	92	210	5	4
Byfjord	1992	5875	223	100	10	8
Mastrafjord	1992	4424	132	25	5	8
Freifjord	1992	5086	132	75	15	13
Hitra	1994	5645	264	60	20	14
Tromsøysund	1994	3376	101	265	30	18
Bjorøy	1996	2000	85	400	665	13
Sløverfjord	1997	3200	100	150	0	13
Nordkapp	1999	6826	212	65	15	4
Oslofjord	2000	7252	134	250	360	18
Frøya	2000	5305	164	105	200	17

6 海底岩石公路隧道水治理的设计和施工

续上表

隧道名称	通车时间（年）	长度（m）	最大深度（m）	入口进水量 L/（min·km）	注浆量（kg/m）	防水和防霜冻量（m²/m）
Ibestad	2000	3398	112	110	15	2
Bømlafjord	2000	7900	260	70	30	3

海底岩石公路隧道的建设可追溯到 20 世纪 80 年代。实际上，首次完工的水下隧道分别是 1976 年和 1977 年建成的两条隧道，前者作为天然气管道使用，最低点位于海平面以下 253m，后者作为输水管道使用。从 1983—1995 年，建成 8 条供石油或天然气管道用的隧道，长度从 0.4~4.7km 不等，横截面积 20~66m²，其中最低点在海平面以下 93~260m 之间，位于 Palmstrøm 和 Naas 之间（1993 年）。这些隧道施工所积累的经验极大地推动了隧道设计理论和施工方法的发展。

6.2 隧道水治理的设计原理

6.2.1 水密性要求

挪威公路管理部门 021 号文件"公路隧道施工手册（1992 年）"对海底公路隧道密封性作出特定要求。但是，依据实践经验，密封性的基本目标是，总体剩余渗漏水不得超过 300L/（min·km）。

经验表明，大多数情况下，可通过合理的预注浆作业实现密封性目标，还可实现低渗漏。但是，由于注浆成本增加，其通常并不经济划算。应注意，这种设计理念与降低水渗漏作为目标的设计形成了鲜明对比，并产生大量费用。一方面，海洋提供了无限但可能存在危害的水供应；一方面，由于城区地下沉降底部的土壤敏感性，可能无须防止微小渗漏。

从使用者的角度来看，隧道的密封，其可通过安装防水系统予以实现。不允许在最终道路出现任何水滴，为司机提供舒适且安全的驾驶环境。从业主的角度来看，减少了对车道的维护工作量。

6.2.2 排水结构

隧道为排水结构设计。自然渗漏较低时，可不对岩石进行处理。渗漏过高，整体要求无法满足时，须完成对隧道围岩周围所有区域的岩体注浆。相应地，在已注浆区域，节理处水压将逐渐降低，直至在边界处为零。如图 6-1 中的示例。

如果使用混凝土衬砌以确保薄弱区域内的稳定支撑，则通常其设计并非用于满水压力。如果该节段存在明显进水，则通过在浇注前安装柔性排水管道，或浇注后钻孔，以确保衬砌排水。增加了对防水的要求（见 6.2.3 节），但降低了成本。往往不到 10% 的隧道（通常为 2%~5%）需要稳定混凝土衬砌，以实现稳定性的目的。

通过管道，排出喷射混凝土支护下的岩石水，以避免或减少混凝土的渗漏，并防止压力积聚。

6.2.3 剩余渗漏水的屏蔽

滴水防护最常用方法是在顶部安装聚乙烯泡沫片材（配置一层钢筋喷射混凝土防火网），在墙壁安装混凝土组件，如图 6-2 所示。注意，由于冬季内，霜冻可能从各出口延伸至隧道内较长距离，滴水防护必须采取霜冻防护措施。

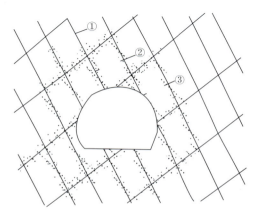

图 6-1 隧道附近已注浆区域岩体
① — 满水压力下的裂隙岩体；② — 已完成预注浆区域，节理处注浆；③ — 隧道边界

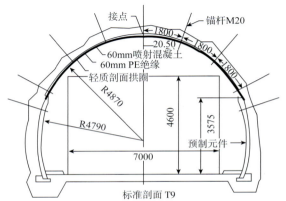

图 6-2 通过顶部使用聚乙烯泡沫（喷射混凝土覆盖）及墙壁预制混凝土组件进行的剩余渗漏屏蔽
（单位：mm）

典型的滴水防护材料消耗程度差别很大。最近建成的 Oslofjord 隧道中，每米隧道安装滴水防护，总面积达 $18m^2$。其构成了大约 80% 的隧道边界。

6.2.4 排水及泵送系统

碎石（粒径 15~30mm）用于沟渠内及车道下部排水系统。在沟渠一侧或两侧安装一根或两根直径 150~200mm 的 PVC 管。泵站最低点存在一个缓冲储池，具有至少 24h 浆液的容量，以防功率损耗。自附近海岸地表表面至入口或孔洞（已注浆或重新钻探）的 200m 扬程（通常在直径 160mm 的 PE 管道内），采用一级泵送。

6.3 地质条件和实地勘测

6.3.1 岩石类型

挪威海底公路隧道建于前寒武纪和古生代岩石内，包括片麻岩、绿岩、千枚岩、砂

6 海底岩石公路隧道水治理的设计和施工

岩、页岩、侵入体等。地面以下，常见绿岩或含深色矿物（例如闪石、黑云母）的千枚岩等岩石，渗漏性往往低于浅色岩石，可能的原因是其比较密实，不易形成裂缝。通常存在与此"规则"不同的例外情况，如岩石形成过程中的接触地壳运动，对岩体的容水量造成了影响。

6.3.2 薄弱地带

由于峡湾和海峡的位置通常取决于主要断层，预计大部分海底隧道必须穿过基层岩的薄弱地带。其通常位于最深处，即岩石覆盖层最低且水压最高的位置。

由于薄弱地带的中心部分通常包含压碎岩及断层泥，其通常可能不会产生大的流入量。然而，薄弱地带的侧面岩石在开口节理处含有大量水，尤其是在张性构造运动形成的节理组内。在这些地区，由于存在较差稳定性以及水的影响，具有较高的坍塌风险。

可推断出，地堑系统内或附近，或位于海岸外的隧道内，以及沿大陆架主要断层附近的张性节理组内存在高进水量。在这种情况下，对出现开口为2~5cm的节理，进行了预注浆。但是，大部分节理开口为1~5mm，且需要少量注浆。

6.3.3 实地勘测

海底隧道的实地勘测完全依赖于反射和折射地震波勘探。在某些情况下，进行孔底地震波勘探，并编制地震断层射影的概要文件。低波速（小于2500~3000m/s）的薄弱地带可能含有大量水。其与块状岩石内的波速（3500~4500m/s）及较大块岩石内的波速（5000~6000m/s）形成对比。尽管地震波速度可以表明形成节理程度，从而推断潜在的流入区域，但是很难根据此次勘测结果预测进水量。

已尝试其他地球物理方法，例如，当薄弱地带穿过海岸时采用电法测量（电阻率和诱导极性）。由于实际条件限制，以及因上层海平面以下区域内富含盐水而很难对观测进行解释，因此成功次数有限。

频繁使用定向岩芯钻探，检查关键部分的岩石覆盖层。进行水量测试时，应提高岩芯钻探方法的范围和效率，从而增加其实用性，但钻孔通常仅涉及隧道对应的一部分地质信息。

从类似地质结构的隧道施工得出的隧道水治理经验有时会产生误导，原因是即使总体形势看起来很相似，但地质构造仍可能存在局部差异。因此，无论实地勘察显示地质构造如何，准备应对重大地质变化仍然非常重要。

所以，最重要的实地勘察是隧道掌子面超前探孔勘察。

6.4 施工方法

6.4.1 开挖方法

挪威所有海底隧道通过钻爆法进行开挖。在这一点上，值得一提的是，通常采用带有高容量钻机的现代化液压式凿岩台车，完成对爆破炮孔的钻探工作。该设备也可用于探测孔、预注浆孔及控制用钻孔的高效钻探，通常钻杆直径为45~50mm。

6.4.2 超前探孔和预注浆

超前探孔的标准模式建立于15年前，经过少许改变后，如今仍在使用。图6-3显示了一个典型实例。探测孔的长度通常介于24~33m之间，以完全适应爆破炮孔组的爆破规律。根据孔的长度，每组第3、4、5个孔进行探测钻孔，且通常最小搭接长度为8m（两个爆破炮孔组）。同样由于偏差随钻孔长度增加而增加，因此不适用较长的钻孔。

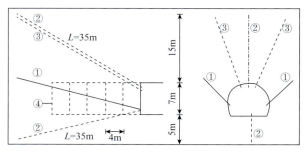

图6-3 双车道公路隧道的典型冲击探测钻孔模型图

①—位于全部节段的探测孔；②—预计薄弱地带的额外孔洞；③—含低岩石覆盖层节段内的备选上部孔洞；④—每第5个爆破炮孔的孔洞重叠（最小8m）

探测孔数量不一，从最少的2个增加至4~6个；存在形成节理的地带或低覆盖层时，数量更多。

6 海底岩石公路隧道水治理的设计和施工

探测钻孔程度随隧道施工项目变化而有所不同：通常每米隧道的探测孔，总体长度平均值为 2~7m。此外，折射地震剖面存在薄弱地带时，从洞门（通常位于薄弱地带末端）处完成岩芯钻探。例如，广泛使用冲击探测钻孔，在 7.2km 的 Oslofjord 隧道探测钻孔总计每米隧道 6.9m，以及在 2.1km 长的海底节段（Aagaard 和 Blindheim，1999 年）掌子面前岩芯钻探形成每米隧道 0.7m。

已测量探测孔内的进水量，且引发预注浆的渗水量标准通常为 5~6L/min。爆破孔内的进水量也会引发注浆。每轮注浆后钻出控制孔，以检查注浆结果。

进行预注浆，是确保控制隧道水，以及满足隧道密封要求的重要办法。

主要使用胶结性材料进行注浆，同时还使用包括标准工业水泥、快速凝结性水泥，以及粗细程度不同的微细水泥进行注浆。当检测出张开节理存在明显渗漏时，使用高压（例如，高达 60bar 的截流压力），以及相对较稠的混合材料直接进行注浆。典型钻孔模型如图 6-4 所示。如果有必要达到充足的密封性，则须执行重叠孔组。

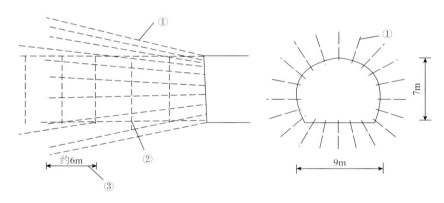

图 6-4 双车道公路隧道预注浆用典型钻孔模型
①－45mm 完整锥形孔，长度 18m；②－爆破炮孔组，孔深 4m；③－锥形孔间的典型重叠

根据标准合同，是否注浆由业主决定，业主关于注浆实用性能与承包商协商。承包商根据实际执行的工作（已钻探的米数及所使用的注浆材料）获得报酬，并按照投标价格支付停工期间的隧道挖掘设备折旧费用。这也适用于探测和控制钻孔。

注浆材料的消耗随项目进行而发生变化。业主对于大多数隧道，每米隧道注浆材料消耗低于 50kg（Melby 和 Øvstedal，2001 年）。对于通向大陆架附近岛屿的 Godøy 和 Frøya 隧道，注浆材料消耗量分别为 430kg/m 和 200kg/m。对于 Bjorøy 和 Oslofjord 隧道，注浆材料消耗量分别为 665kg/m 和 360kg/m，这是异常情况。

每轮注浆的标准消耗量从 1~50t 不等，且每轮注浆的总用时也从 2.5~48h 不等。应改进注浆程序，以减少孔组搭接长度。

6.4.3 合同方面

如上所述，水治理所需的整个探测及注浆过程，基本上由业主控制在标准合同单价内。某些情况下，业主代表将决定全部注浆孔组施工计划的所有环节。然而，标准合同并不妨碍业主通过允许承包商为适应现场条件，而使用承包商的实践经验。在遵循约定框架程序，且满足整体密封度要求的前提下，承包商可选择合适的水泥类型、注浆孔长度及数量等（Blindheim 和 Skeide，2001 年）。

由于整个注浆过程相对比较复杂，并且存在不可预知情况，且无法对岩体内的自然变异进行"控制"，因此，双方建立建设性的协作机制，对注浆结果有利。

6.4.4 特殊情况

合同中已包含紧急情况的应急预案。如隧道排水方面，其涉及标准与额外抽水能力。以 7.2km 长的 Oslofjord 隧道为例，要求承包商配备的排水设备高达 350L/（min·km）的抽水能力，并留足各隧道口每分钟 1000L 未预见流入量的泵送能力。

针对在断层带及薄弱地带出现的水及隧道稳定性问题，可能需要关闭隧道防淹门，因此要求在隧道掌子面施工至海底之前，建造移动式混凝土初砌防淹门。

有时可能会出现极端情况。例如，Bjorøy 隧道内，松散或不结实砂岩构成的断层下降地带就产生了极端地质条件。施工数月后，在通过 Bjorøy 隧道之前，须进行大量注浆（Holter 等，1996 年）。

a) 已表明探测钻井指向地带隧道的纵断面图

b) 通过断层带低海拔旁通隧道的平面图

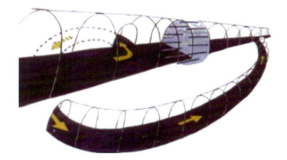

c) 旁通隧道和已冷冻地带透视草图

图 6-5 沿 120m 水压力断层带已填满的侵蚀隧道冻结

6 海底岩石公路隧道水治理的设计和施工

另一个极端情况发生在最近建成的 Oslofjord 隧道内,已证明其沿已知断层带的冰川地侵蚀通道比预期更深,未形成岩石覆盖层。使用探测钻孔,从隧道口的安全距离,对已由松散沉积层填满的通道进行探测。旁通运输隧道通过断层带深处,使隧道开挖在海峡底部得以继续进行,并在120m水压力的松散堆积物已经冻结情况下通过（Blindheim 和 Backer,1999年）（图6-5）。

6.5 运营

6.5.1 渗透性随时间推移的变化

尽管可以预计,因矿物质溶解导致渗漏可能随着时间的推移而发生变化,但是,经验表明,几乎在所有情况下,渗漏性保持不变,或随时间的推移而降低（Melby 和 Øvstedal,2001年）。这极有可能是因为接缝内岩体颗粒移动并形成自然过滤勿,以及部分矿物质膨胀并接近渗流通道口部。

6.5.2 材料和结构的耐久性

为确保岩石支护措施的耐久性,应按要求严格施工。岩石锚杆应具双重防腐保护功能,即其具有热浸镀层和环氧树脂涂层的特点。此外,通常须进行完整的水泥注浆。到目前为止,这些措施可以提供足够的保护,并未出现严重的腐蚀破坏现象。

规定喷射混凝土单轴抗压强度最低为45MPa,以保障低渗漏性。经验表明,很少采用将喷射混凝土措施用于薄层（小于3cm）中。由于盐水渗漏,其将浸入潮湿及低强度地区。低渗透性且最小厚度7cm的喷射混凝土内碳素钢纤维钢筋不发生腐蚀（Davik,1996年）。

由于海水和交通运输污染形成了具有侵蚀性的环境,浆液泵组和泵送管道应严格遵循要求运行。如果压力允许,聚乙烯将应用于管道制造,否则将使用抗腐蚀钢材质。

6.5.3 运营和维护成本

运营和维护成本主要体现在公路隧道照明和通风。泵送成本相对较低,如果缓冲储池容量足够,则泵送时间较短。当电费较便宜时,泵机可在夜间运行。部分隧道内,泵送已经受到藻类生长（随时间推移发生周期性变化）的阻碍。试图通过使用化学物质限制藻类生长,但已证明无此必要。

由于腐蚀的影响,已在部分隧道内更换了电气设备、泵机以及泵送管道。用于防止漏水的铝制内部屏蔽或衬砌也被腐蚀损坏。目前,其导致了在两条隧道内进行更换作业,使施工成本增大（Melby 和 Øvstedal,2001年）。

6.6 本章小结

6.6.1 勘探技术的发展

现场勘探方法的持续发展将提高施工前预测水量的可能性,并非仅仅涉及有效折射地震学、新型解释方法(Lecomte 等,2000 年),以及定向取芯钻探(Dowdell 等,1999 年)。

新开发的钻孔偏差勘探工具现在可用作钻探工作,如钻探测针等(Tokle,2001 年)。由于可根据需要立即设置辅助孔,因此辅助孔将提高从孔内获得信息的可靠性,并且可减少需达到密封要求的注浆孔组的搭接长度。

尽管如此,施工方法和合同将始终面临重大变更的挑战,与此同时,可在隧道水控制方面制定更为有效的注浆和合同计划,最好是采用协作的方法,这样可利用业主和承包商双方的经验,保证隧道顺利建设。

尤其是注浆管道安装方面,有必要进一步制定更加耐腐蚀的材料标准,从而降低维护和再投资成本。

6.6.2 隧道水治理原理的适用性

我们认为上述这些原理适合,包括用于交通负载显著的隧道施工。

本章参考文献

[1] Aagaard B, Blindheim O T. Crossing of Exceptionally Poor Weakness Zones in Three Subsea Tunnels, Norway. In Alten (ed.): Challenges for the 21st Century. Proc. World Tunnel Congress 1999, Oslo, Norway: 457-466. Balkema.

[2] Blindheim O T, Backer L. The Oslofjord Subsea Road Tunnel. Crossing of a Weakness Zone Under High Water Pressure by Freezing. in Alten (ed.): Challenges for the 21st Century. Proc. World Tunnel Congress 1999, Oslo, Norway: 309-316. Balkema. Also published as: Oslofjord challenge, Tunnels & Tunnelling International, December ,1999, 39-42.

[3] Blindheim O T, Nilsen B. Rock Cover Requirements For Subsea Road Tunnels. 4th Symposium on Strait Crossings, Bergen, Norway, 2010,10.

[4] Blindheim O T, Øvstedal E. Water Control in Subsea Road Tunnels in Rock.2nd Symposium on Strait Crossings, Trondheim, Norway, 8 p. Also published in

Norwegian Subsea Tunnelling, Publication No. 8, Norwegian Tunnelling Society 1992, 35-42.

[5] Blindheim O T, Øvstedal E. Subsea Road Tunnels in Rock. The Flexible Norwegian Method for Low Cost Tunnelling,11th IRF World Meeting, Seoul, Korea, 1989,12.

[6] Blindheim O T, Skeide S. Determination and cooperation is Crucial for Rock Mass Grouting to Satisfy Strict Environmental Requirements.Water Control in Norwegian Tunnels, Publication No. 12, Norwegian Tunnelling Society, 2001.

[7] Davik K I. Durability of Sprayed Concrete Rock Support in Subsea Road Tunnels. 2nd Int. Symp. on Sprayed Concrete-Modern Use of Wet Mix Sprayed Concrete for Underground Support, Norwegian Tunnelling Society, Gol, Norway, 1996, 333-344.

[8] Dowdell R, Kaplin J, Tokle V. Directional Core Drilling Used to Explore Rock Conditions for a Water Supply Tunnel. in Alten (ed.): Challenges for the 21st Century. Proc. World Tunnel Congress 1999, Oslo, Norway: 57-59. Balkema.

[9] Norwegian Public Roads Administration. Road Tunnels. Handbook No. 021. Directorate of Public Roads, Oslo, 1992, 129.

[10] Holter K G, Johansen E D, Hegrenæs A. Tunnelling Through a Sandzone: Ground Treatment Experiences from the Bjorøy Subsea Road Tunnel. Proc. North American Tunneling 1996, Washington, USA, Ozdemir (ed.), Balkema, 1996, 249-256.

[11] Lecomte I, Gjøystdal H, Dahle A, et al. Improving Modelling and Inversion in Refraction Seismics with a First Order Eikonal Solver. Geophysical Prospecting, 2000, 48, 437-454.

[12] Melby K, Øvstedal E. Subsea Tunnels in Norway. 4th Symposium on Strait Crossings, Bergen, Norway, 2001,6.

[13] Palmstrøm A, Naas R. Norwegian Subsea Tunnelling-Rock Excavation and Support Techniques.Int. Symp. on Technology of Bored Tunnels under Deep Waterways, ITA and DTU, Copenhagen, 1993, 201-225.

[14] Tokle V. Personal Communication. (also www.devico.no)

7　长大铁路隧道水治理的经验和教训

Anders Beitnes

SINTEF

摘要： 现在通常位于城区或昂贵旅游区的隧道，必须面临对地下水保护的问题。本章描述了在Romeriksporten建设穿过片麻岩岩体的13.8km长铁路隧道（1999年建成）所面临的挑战。尽管进行了大量的预注浆作业，但在部分隧道节段，由于地质条件复杂、水压较高，因此远未达到设计要求，结果产生渗漏，导致城区黏土层的沉降以及森林地面受到破坏。通过在隧道边缘以外进行4~10 m岩体注浆，在2.2 km长隧道节段范围内大量掘进后，进行加固作业。该项作业持续了一年以上的时间，大大推迟了铁路的开通运营。铁路运营的推迟在媒体、政界及公众之间引起了极大关注。这次教训对新项目有实质性的影响，可通过已改善的水治理规划以及新的研究，寻求更高效的预注浆方法。

7.1　简介

地下水治理是隧道开挖时所面临的主要环境问题。过去几年内，其已成为隧道及地下工程领域面临的一项挑战。一系列因素促成了以下事实：

（1）早期的疏忽大意已引起损失和诉讼，影响了承包方的声誉。

（2）越来越多的人认识到地下水的重要性和脆弱性。

（3）更长、更深的隧道，水压不断增加，进水可能性提高，影响范围扩大。

（4）隧道穿过的区域，公众对其的认识与重视程度提升。

（5）人们对重要的基础设施建设存在的负面影响的容忍程度逐渐降低。

（6）禁止使用有效、但可能有毒的树脂注浆；对施工时间进度和预算控制的高要求。

挪威Romeriksporten铁路隧道（建成于1999年）是上述因素的例证。本章将简要讨论从中获得的经验教训。另一条30年前修建的Lieråsen隧道将作为对比隧道。

7 长大铁路隧道水治理的经验和教训

7.2 项目说明

Romeriksporten 是连接奥斯陆（Oslo）市与新建机场的 42km 高速铁路隧道，与现有的北向铁路平行。建设 Lieråsen 隧道是为了缩短奥斯陆市与挪威东南部之间的距离，加强两地联系。

Romeriksporten 隧道纵断面图如图 7-1 所示。Romeriksporten、Lieråsen 隧道部分特征数据见表 7-1。

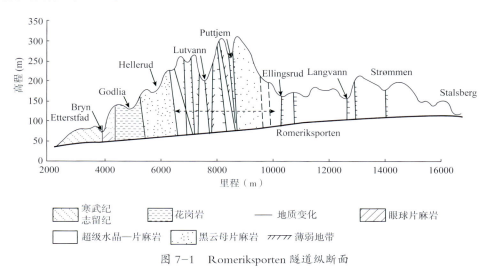

图 7-1　Romeriksporten 隧道纵断面

表 7-1　部分特征数据

隧道名称	Romeriksporten	Lieråsen
长度（基岩内部）	13.8 km	10.7 km
特征	双线，单洞	双线，单洞
典型有效截面积	102m²	68m²
开挖方法	钻爆、围岩周边排水	钻爆、围岩周边排水
支护方式	广泛应用湿喷混凝土 + 岩石锚杆，5% 现浇混凝土衬砌	部分干喷混凝土 + 锚杆，30% 全衬砌（预制与现浇）
施工工期	1995—1999 年	1965—1973 年
地质	前寒武纪片麻岩、部分灰岩和页岩；受附近大断层影响，已形成节理岩体与部分黏土填充的广阔地带	广阔地带内含有部分风化的二叠纪花岗岩、部分沉积岩及角页岩
应力状况	100~250 m 的覆盖岩层。大部分节段次要应力（水平）较低	100~200 m 的覆盖岩层。残余应力、部分主要应力（水平）较高的复合样式

续上表

隧道名称	Romeriksporten	Lieråsen
上部地形	部分郊区，房屋建于软黏土上，部分森林及少量土壤。天然地下水位高	部分郊区，一些泥炭，大部分森林和少量土壤。天然地下水位高
工作面（掌子面）	5	2
施工期间所用浆液类型	水泥、微细水泥、丙烯酸树脂	无
内部衬砌	2.5 km预制混凝土穹顶，剩余潮湿节段PE泡沫及6 cm厚喷射混凝土	局部顶部预制混凝土、波纹状铝制包层
开挖后注浆	1年内在2.2 km隧道节段完成大量注浆作业	无

7.3 Romeriksporten隧道规划阶段的预调查及功能性要求

7.3.1 预调查

规划过程的预调查集中在断层、薄弱地带、节理方式及岩石质量等方面。根据已固定的隧道终点位置，以及最低岩石覆盖的要求，基本确定隧道预调查的路径。未进行岩芯钻探或抽水试验，以绘制工程水文地质图。但是，因断层的原因，可以预见需大量的预注浆作业。

7.3.2 一般要求

在Romeriksporten隧道规划阶段，部分预调查缺乏描述性声明，但在森林区域，可以预测进水量保持在20~30L/(min·100m)以下。该水平是一个奥斯陆区域内隧道开挖项目的低水平纪录。对于穿过城区的隧道节段，其要求为，通过压强计密切跟进测量的压力不低于超过厚度2m黏土内的孔隙压力。预计需保持进水量在10~15 L/(min·100m)之间，以满足预调查要求。

7.3.3 控制水渗漏的合同要求

由于业主将"着手"并决定预注浆工作及程序，按照挪威隧道施工惯例，控制地下水渗入量的要求并未在合同中反映出来。但是，合同确实已设立检测并防止过多水渗漏的条款及要求。由于其属于单价控制合同，除非承包商估价不足，否则其对承包商而言并无太大风险。

该隧道掘进合同规定了用以检测可能产生渗漏的调查孔或探测孔。将根据此类钻孔中获得的渗漏记录，确定预注浆量。在整条隧道中，标准钻孔包括3~6个孔，各孔标准长度为23m。此外，掘进期间应随时通过使用单个堵水塞实施注浆。使用标准搅拌机搅拌水泥浆，并通过最小50bar的压力进行泵送。规定注浆材料为标准水泥、快凝水泥、细颗粒微细水泥（供应商由承包商定），以及低黏度的树脂浆液（供应商由承包商决定）。同时还规定了快凝注浆程序。

7.4 Romeriksporten 隧道掘进的经验

7.4.1 施工期间发生的情况

Romeriksporten 隧道在位于奥斯陆市南部的花岗岩和片岩性质的片麻岩中掘进，渗漏水比预期更为分散且分布均匀。在隧道各节段内进行了系统预注浆，包括人口密集的 Godlia-Hellerud 城区底部。根据探测钻孔可知，依据自各调查孔 5L/（min·100m）的渗漏量标准，确定进行注浆，但未进行吕荣试验（水压测试）。注浆孔由 1~2 个孔组构成（通常为 30 个 23m 长的孔，8m 长度的重叠）。由于每轮注浆需耗时 10~18h，挖掘进度明显减缓。当在 Lutvann 森林底部掘进时，由于可接受渗漏量水平较高，预计注浆作业需求较少（图 7-2）。然而，有关结果证明，要达成"目标"渗漏变得更加困难，更耗时间。一部分原因是水压压头较高，另一部分原因是断层及张拉带内存在更为复杂和广泛的节理。检测钻孔获取可接受流入量之前，进行 4 轮注浆。频繁使用微细水泥，但效果甚微，开始逐渐使用大量丙烯酸树脂（Siprogel）。在极少数情况下，即使在检测中存在过多渗漏，仍决定进一步掘进，这极易导致工期与水渗漏问题方面的合同纠纷的出现。

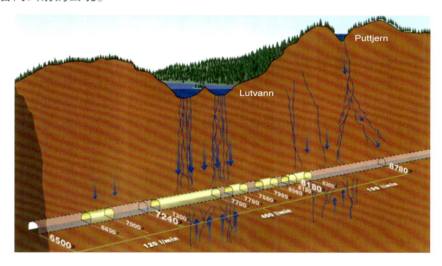

图 7-2 艺术家关于穿越 Lutvann 森林隧道的印象
注：显示隧道 3 处不同节段的主要地下水需进行进水限制

总体而言，隧道总长度的 37% 已完成预注浆。该项作业内容包括 275 km 的钻孔、5400t 的水泥、1300t 的微细水泥以及 340t 的树脂浆液。

即使预注浆工作量巨大，但某些隧道节段内的注浆要求远未达到。隧道破坏开始加剧，隧道施工现场情况成为一项重大的新闻热点。在瑞典及本项目使用含有丙烯酰胺的 Siprogel（后来命名为 Rocha-Gil）引发的健康与环境问题，成为新闻头条。Romeriksporten 隧道在公众眼中成为"隧道开挖界的丑闻"。

7.4.2 地下水监控效果

在位于 Hellerud 的特定隧道节段，出现大量的孔隙压力降低现象，且建于黏土上的房屋逐渐开始沉降。掘进期间，预注浆似乎效果良好，此后开始控制钻孔内的注浆测量次数。随后的排水沟内水流量记录表明，隧道部分节段出现过 3~4 次预先确定可接受的 10L/（min·100m）进水量。后来的岩石覆盖层详细调查显示，起伏较大的基岩表面可能与当地裂隙系统有关。因此，实际可能容许更小的进水量。采取的补救措施：安装了 25 口回灌井，以便重新形成孔隙压力；承诺对所有房屋业主造成的全部损失以及对业主造成的不便按价赔偿，并启动了修复作业。

然而，最引起公众关注的事故发生在森林游览区域。隧道上方森林中沼泽洼地内的某个池塘突然下沉数米，随后 2km^2 的 Lutvann 湖内的水位也开始下降，一条小溪干枯，在狭窄的谷地也出现沉降，并影响大量树木的景观效果。恰逢连续两年的低降雨量，这条隧道的 2.2 km 节段开始受到特别关注。1997 秋季完成隧道挖掘以后，大于 2500L/（min·100m）的进水量被记录下来。自此，已通过补充注浆，减少了大约 300L/（min·100m）的渗水量。

建立广泛的监控程序，在 30 口观测井基础上，进行隧道内详细的流量测量。建立了抽水线路，以再充填（浇灌）受影响最大的森林区域。同时，还成立了专家组，以制订隧道内补救工程的最佳策略。

7.4.3 隧道开挖后减少渗漏的补救措施

隧道掘进结束时，已采取大量措施，降低渗漏影响。但是，不得不承认，地下水的影响仍不可避免地变得相当大。公众监督促使挪威政府制定一项正式条款，这意味着影响地下水的隧道建设工程，业主必须申请政府批准，这属于挪威隧道施工的新规定。为保障公共利益，应对生物类型和水文地质情况加以研究，得到在特定隧道节段详细进水限值要求。可接受的进水量约为 25~30L/(min·100m)，与方案中预计可接受的渗漏水平相同。

经专家建议，启动了后注浆工作。隧道工程承包商受雇于以成本补偿为基础的独立合同，并开展该工作。一般，隧道周围间距 5m 的加强注浆将产生一个新的 4~10m 的加固区域，根据上面的标准，为所有的隧道断面进行计量。

注浆工作极为困难，且比预期回报少。同一时间在隧道内进行钻孔和注浆工作的工人人数达到 6 人。最大的问题出现在地面节段，向下钻孔需要专用钻井平台，由于物流原因须浇筑混凝土板，施工期间遇到了各种各样的问题，例如井眼稳定性、水塞故障，以及注浆材料回流等。过度渗漏的主要部分来自于隧道地上节段，主要原因是预注浆扇区过薄或不足，以及后续的排水沟爆破作业。除此之外，渗漏反算与水压压头数据表明，在密集的节理岩体内，渗透率降低效果与使用水泥注浆在早期隧道内获得的效果相同，即渗透系数 K 为 10^{-7}m/s。

通过隧道掘进后的加固，获得了大量实用的经验。对于不同类型的微细水泥进行的测试表明，由于水泥的质量存在差异，岩石温度效应也存在实质性差别。

1997 年 11 月 ~ 1999 年 1 月之间，在 2.2km 隧道节段进行了掘进后加固工作，其成本相当于整条隧道的掘进成本。尽管如此，3 个隧道节段中仅有 2 个满足要求。因此，建造了再次渗透的装置，从隧道内向围岩内注水。经验表明，这是一个可靠且无干扰的修复方案（必须在低降水期间执行），可通过地表观察井的水面变化进行自动控制。

7.5　Lieråsen 隧道

建造 Lieråsen 隧道时，对渗漏水方面的处理并未造成掘进中断，也未造成铁路运营障碍。在此处，规划阶段的调查工作针对的是岩石覆盖层及薄弱地带。

Lieråsen 隧道出现进水量较高的节段，与 Romeriksporten 隧道中间部分极其相似，除隧道内局部排水外，并未采取渗漏控制。地下水的迅速减少造成小型池塘干枯，并导致隧道上沼泽地形的沉降。

尽管耕地景观受到影响，但是几乎未受到公众的关注。有人发现，由于该地区进行新住宅开发，排水甚至会带来益处。

7.6　项目总结

7.6.1　岩体掘进中难以避免的不稳定性

在岩体内掘进时，无论预调查的级别及次数如何，仍然存在难以避免的不稳定性或风险，必须在掘进时进行适当处理。就 Romeriksporten 隧道而言，由于出现了意外的隧道破坏，大量针对规划的批评纷至沓来。这要求相关方必须认真予以对待。应改善对地下水潜在危害及其隧道之上脆弱环境方面的隧道预调查。但是，这并不表示仅通过增加现有方法及途径就已足够。这种情况下，一个广泛的地震剖面图计划（根据取芯钻探及渗透测试详细绘制），既不能引起隧道设计或隧道掘进程序的大幅变更，也不能防止施工期间部分密封效果较差及隧道损害的发生。

事实上，关于专家、机构提出的建议，将对资金的合理利用产生影响，并有可能促进新规划的形成。

新的规划必须包括：

（1）常见风险分析，用于指导定向调查，以及用于作为决策程序一部分的实际不确定性评估。

（2）潜在环境影响方面，进行环境脆弱性的详细研究。

（3）用以预测降低岩体渗透率的难度，以及为降低岩体渗透率所需进行的工作，以及改善注浆设计或水密封方式。这将比进行原位渗透性绘图更为复杂！

尽管如此，岩石隧道内渗漏量的预测仍有相当大的不确定性。其不确定性通常与开挖成本、围岩加固的不确定性等有关。

另一方面，必须消除周围被破坏岩体的不稳定性。评估地质水力学的最佳可能模型及易损生态的完整绘图必须是标准的。

7.6.2 改善公共关系

我们不能只关注证明可 100% 解决问题的方案，其花费费用太高，甚至会阻止社会经济的顺利发展。这种情况下，改善公共关系的关键点在于：

（1）首先使不确定性成为项目必须考虑的一部分，并且以专业方式处理风险。

（2）施工前的不确定性和施工期间困难的充分考虑。

（3）以一组行业内广泛接受的数值为基础，证明修复隧道的能力。

毫无疑问，大多数土木工程师要在改善公共关系领域内迎头赶上，还需付出更多努力。一些组织在专业从事公共关系员工的帮助下度过了危机，但除非他们充分了解隧道业务，否则并不一定可以获得良好的效果。

公众对隧道的兴趣及认识，得益于 Romeriksporten 隧道工程规划及后续工作带来新的改变。工程师、水文地质学家以及专家之间出现了颇有前景的新型合作关系。

7.6.3 技术关键与决策

根据由 Romeriksporten 隧道项目获得的经验，影响预注浆成功的重要因素是技术，以及掘进前所涉人员对注浆意义的理解。随着工作要求变得越来越高，工具也变得越来越复杂，在未来，施工工具将变得越来越重要。对于施工难度大的隧道项目，应安排有经验的工程地质学家参与预注浆相关的日常调查与决策。隧道钻孔的调查须利用更多信息，并为决策提供改进依据。

在形成同等渗透率的前提下，正确执行预注浆比掘进后注浆的成本、效益高 20 倍。同时还观察到其对地下水高压作用的特定影响。虽然预注浆变得更具挑战性，但掘进后注浆产生的问题可能会更为突出。将注浆工作延迟，不得作为重大隧道掘进中的选择。

紧张的合同工期将会对隧道掌子面施工方法的完善造成负面影响（需要采取更高效的防渗漏措施）。进一步明确合同条件及制定基础，以使承包商更加注重开发有效方法，并根据要求优化注浆工作。这意味着改变北欧隧道的传统掘进方法，且仅当承包商无严重的财政风险时，方可接受。

7.6.4 困难施工条件下改善施工方法及材料

由于一系列"化学"密封剂造成的环境危害，已将改善水泥浆或同等材料性能的强烈需求提上议事日程。在 Romeriksporten 隧道，发现通过使用稳定微细水泥注浆，最大化作业可以使节理地带的平均"渗透率（K）"降至约 5×10^{-8} m/s（相当于中等节理岩体内"水压直径"为 0.1mm 的剩余感应性节理）。其可能代表"2000 年技术发展最新水平"。这是根据瑞典 Hallandsas 对铁路隧道渗漏问题研究中获取的经验确定的。对于高液压压头下最严格的进水要求，有必要达到渗漏节理一半宽度（即 0.05mm）。在进一步研究与开发中，改良水泥和添加剂，但这并非仅通过简单地研磨普通的或更细的水泥。通常的细微水泥具有不一致或不稳定的属性，并且簇可能在离开胶质浆料混合器之后几分钟内便开始快速凝固，阻碍水的有效渗透。此外，反应的发生在很大程度上取决于温度及水灰比。在 7~8℃（如北欧基石内）下，一些水泥并未发生变化。硅酸盐作为熟料的水泥在该低温环境下的应用效果极佳。

这意味着,可以根据当地条件,有效分配注浆材料,使其完全进入隧道周围设定的套管内。关键技术必须包含更重要且更复杂的工作,具体包括:

(1)布置一些平行线路内的高压泵(压力为100bar或更高),进行个别操作,以适合所有止水标准。

(2)严密控制、局部调整钻孔模式。各扇区可能需要多达100眼的钻孔,可高效进入较细节理以及缺少反压力(有效次要压力)的地点。

(3)外部且单独注浆的套管,其位于:①薄弱地带,以避免在挖掘后"穿透";②以初步密封粗糙矿脉,从而在主扇区内使用高压力注浆。

(4)依照要求,持续进行混合注浆材料的质量控制。例如,应考虑注浆材料的稳定性、对注浆时间的把握,以及岩石实际温度变化监控。

(5)按比例增添可加速浆液凝固的添加剂,以及采取不定期堵塞较大矿脉的方法。

7.6.5 长期影响

对外界环境的影响已成为隧道掘进中最重要的方面。如果需要,则应允许在任何预算中包含此类注浆工作,以避免隧道产生损坏。然而,无法衡量施工成本与降低外界环境影响的具体比例关系,因此必须通过一个具有意义深远的决定以及对公众公开的有关文件,对其进行说明。如今,这种对事项严肃解决的方式已经成为挪威境内新建隧道掘进项目的标准程序之一。

但是,人们似乎特别能够容忍地下水的减少。关于地下水的大幅度减少,以及Lieråsen隧道上植物学系统的变化问题,无人问津。Romeriksporten隧道对地下水的长期影响须持续进行评估。

如果无法避免地下水或孔隙压力的降低,则表明在Romeriksporten隧道,淡水的再次渗入对永久性基础有影响,应对隧道进行持续性管理及维护。

8 奥斯陆地区铁路隧道渗水量标准

Per Magnus Johansen

Norconsult, AS

摘要： 本文描述了拟建的奥斯陆地区 Jong-Asker 双线铁路隧道渗漏标准及隧道注浆策略。调查主要集中在地下水下降、表土沉降对脆弱的自然界影响，提出了泄漏率评估程序、地下水渗漏量计算公式，并根据分析计算获得估值。以上成果是基于对地下水数值模型（已调查数条隧道的条件）的参数研究而得到的。研究展示了已注浆地带渗透率与水位降低之间的关系。分析计算表明，当注浆区渗透率与自然基岩渗透率之间差值降低时，地下水水位下降增加。同样表明，地下水水位沉降受地质结构影响较大。确定隧道最大允许泄漏率时，水平衡估计极为重要。

8.1 简介

城区交通隧道施工期间，发生的隧道泄漏已造成浅层地下水位下降，沉降还导致结构损害及环境破坏。因此，未来关于减少城市隧道渗水量方面的设计极其重要。Jong-Asker 双线铁路隧道设计的总体目标是，选择进水量控制策略，避免浅层地下水面不必要的下降，进而将处理干扰和赔偿损害的社会成本降到最低。

在研究环境的"可接受干扰"，以及其可接受的隧道渗水量时，隧道设计师必须对城市隧道掘进工程进水量控制的相关重要参数加以说明。通过调查隧道一定高程处以及隧道上方受影响区域边界范围内的地质条件可知，某些因素将决定隧道渗水量的可接受水平。

假设相同地质条件下，通过使用解析函数可粗略估计浅层地下水的下降。但是对于比较复杂的地质条件，该估值将与实际结果相差甚远。Norconsult 公司已在 Jong-Asker 双线铁路隧道工程内使用二维及三维模拟模型（Visual MOD Flow 软件）。

8.2 地下水水位的下降及一条隧道的渗水量计算

由于渗漏引起水进入隧道，而受影响的区域将取决于以下因素：

（1）隧道区域。

（2）隧道深度。

（3）岩石最初渗透率。

（4）隧道周围已注浆区域渗透率。

（5）水流最初坡度。

（6）因沉降引起的再填充。

通过使用解析函数，可了解隧道周围的水位降低，具体函数表达式如下：

$$q = \frac{2\pi Kh}{\ln\left[\frac{h}{r} + \sqrt{\left(\frac{h}{r}\right)^2 - 1}\right]} \quad (\text{Lei}，1999 \text{ 年}) \qquad (8-1)$$

$$q = \frac{2\pi Kh}{2.3\lg(2h/r)} \quad (\text{Freeze 和 Cherry}，1979 \text{ 年}) \qquad (8-2)$$

$$q = \frac{2\pi Kh}{\ln\left[2\frac{h}{r} - 1\right]} \quad (\text{Karlsrud}) \qquad (8-3)$$

式中：q——渗漏量，$m^3/(m \cdot s)$；

K——渗透系数或隧道周围渗透率，m/s；

h——隧道至等势线的距离，m；

r——隧道半径，m。

上述函数表达式不考虑隧道周围已注浆区域的厚度，而根据岩石的平均渗透系数计算流量。函数表达式（8-4）引入注浆区域的厚度及对应的渗透系数。

$$q = \pi Kh \frac{2}{\ln\left[\frac{r+t}{r}\right]} \qquad (8-4)$$

式中：t——已注浆区域的厚度，m。

这些函数均不考虑任何地质分层或错流梯度。然而，在可被视为同质和错流梯度较小的条件下，上述解析函数仍然适用。对于 Jong-Asker 隧道项目部分所选截面，这些函数给出了与二维模型大致相同的结果。

Lindblom 于 1999 年指出，注浆策略主要参数并非渗漏率，而是所预测的渗漏结果。

8.3　Jong-Asker 项目隧道分段

Jong-Asker 项目位于奥斯陆地区东南部的人口稠密地区。隧道的建设将缩短铁路线路长度，减少土地的征用，并且能够降低铁路施工对地面的损害。

Jong-Asker 项目所在地区的地质构造主要为寒武纪—志留纪沉积物、页岩、片岩、含钙质元素的砂泥岩以及砂岩。这些岩石被二叠纪玄武岩和斑岩覆盖，并含有粗粒玄武岩（辉绿岩）侵入体。

隧道主要采用锚杆和喷射混凝土支护。据估计，每米隧道平均使用 8 根锚杆和 4.5m^3 喷射混凝土。隧道被分为 5 类支护，沿线质量最差的岩石将位于 Q=0.03 的薄弱地带。

隧道的修建会受各种因素的影响，因此有必要对隧道进行分段，并对这些节段进行分类。这些条件包括：

（1）建于软质材料上的结构沉降可能。

（2）未来线路沿线地下水的使用。

（3）用于旅游用途的土地的使用。

（4）特殊生物栖息地的存在。

可能出现沉降的潜在地区分类，依照所开展的调查以及补充的基岩底部测深进行。该沉降潜在地区分类如下：

IA：可能出现 80mm 以上沉降的区域。

IB：可能出现 40~80mm 沉降的区域。

IC：可能出现 40mm 以下沉降的区域。

超过 100 户家庭目前使用当地水井内的地下水，作为他们的主要淡水供应来源。将为这些家庭提供城市用水。

与处理旅游区保护事宜的机构合作，编制未来铁路沿线保护区列表。这些地区的分类依据是其对潜在地下水水位下降的敏感性，以及其作为旅游区的受欢迎程度。结合环境潜在损坏的敏感性，以及地面沉降，制定了 3 类允许渗漏率（图 8-1）。

第 1 类：隧道中度渗漏率，8~16L/（min·100m）。

第 2 类：隧道低度渗漏率，4~8 L/（min·100m）。

第 3 类：隧道极低渗漏率，＜4 L/（min·100m）。

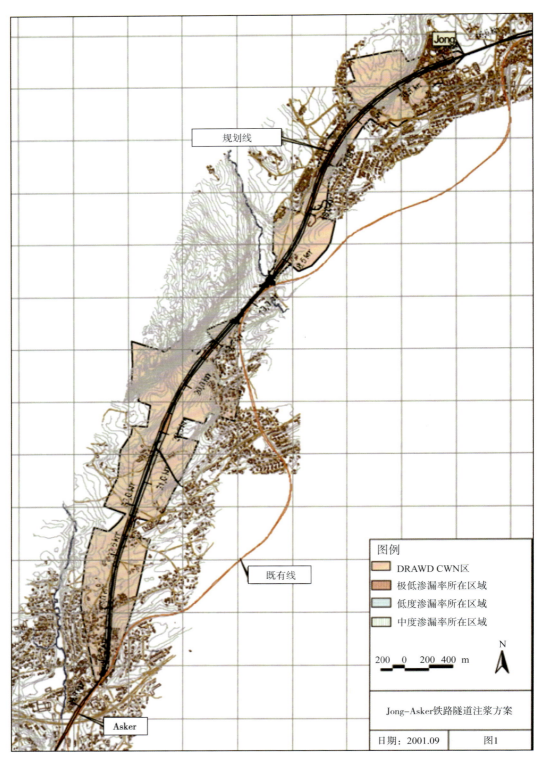

图 8-1 Jong-Asker 项目渗漏区域示意图

8 奥斯陆地区铁路隧道渗水量标准

上述数据基于 Visual MOD Flow 软件计算，并涉及以下内容。

8.4 数值建模

对于地质条件复杂的隧道渗水率计算可采用数值模型。一些项目已经应用数值模拟，包括通往 Oslo（奥斯陆）国际机场的 Romeriksporten 铁路隧道，以及 Frodeåsen、Tønsberg 和 Jong-Asker 铁路隧道。

必须对该模型加以简化，将岩体高渗透率区域转换成多孔区或等效多孔介质模型，（Anderson 和 Woessner，1992 年；断面特性和流体流动委员会，1996 年）。使用多孔介质模型模拟渗水缝/区域的方法也被发表在国际杂志中（Gburek 等，1999 年；Allen 和 Michel，1999 年；Pohll 等，1999 年）。

对于 Jong-Asker 工程，其地质条件相当复杂，包括二叠纪覆盖的沉积岩（页岩、千枚岩、钙质页岩）。该地区存在类似垂直岩脉的侵入体（辉绿岩），这在某些情况下成为地下水流动的障碍，并在其他情况下充当渗透率高于周围岩石的含水层结构。

运行 Visual MOD Flow 软件，使用各向同性同质模型、三组岩石及已注浆区域渗透系数，以及三组隧道渗漏率 [4L/(min·100m)、10L/(min·100m)、24L/(min·100m)]。

模型运行以瞬变流动为基础，其将在大约 3 年后达到平衡稳定状态。从表 8-1 中可以看出，使用渗漏率作为唯一参数可能在很大程度上影响渗流半径，并可能降低地下水位（超过 15m）。

表 8-1 使用中等渗透性岩石的运行结果

围岩渗透率：5 吕荣（5 吕荣 =5×10⁻⁷m/s）			
深度约为 17m	Sim. leak.= 4.2 U.I.= 3 m D.I.= 2 m WTL = 1.3 m RGP= 0.14 L	Sim. leak.= 10.2 U.I.= 652 m D.I.= 336 m WTL = 7.6 m RGP= 0.45 L	Sim. leak.= 24.2 U.I.= 778 m D.I.= 540 m WTL = 17.2 m RGP= 2.2 L
深度约为 27m	Sim. leak.= 4.2 U.I.= 0 m D.I.= 0 m WTL = 1 m RGP= 0.1 L	Sim. leak.= 9.9 U.I.= 642 m D.I.= 330 m WTL = 7.1 m RGP= 0.28 L	Sim. leak.= 24.0 O.I.= 767 m N.I.= 530 m WTL = 15.7 m RGP= 0.97 L
深度约为 57m	Sim. leak.= 4.3 U.I.= 0 m D.I.= 0 m WTL = 1 m RGP= 0.055 L	Sim. leak.= 10.0 O.I.= 641 m D.I.= 334 m WTL = 6.9 m RGP = 0.14 L	Sim. leak.= 24.4 O.I.= 775 m D.I.= 539 m WTL = 15.5 m RGP= 0.4 L

注：Sim.leak. 模拟渗漏率，单位 L/(min·100m)；U.I. 为上游影响半径；D.I. 为下游影响半径；WTL 为隧道上方水位下降值；RGP 已注浆区规定的渗透率，L=1×10⁻⁷m/s。

有关研究结果表明,随着隧道深度的增加,当原岩与已注浆区域之间渗透率比例降低时,水位降低会增加,即注浆将降低水位下降的可能性。

8.5 水平衡

为了能够模拟有关土壤水分蒸发的水平衡信息,径流和地面渗透必须包含在输入参数内。表土材料的渗透性是渗透最重要的影响因素。对于Jong-Asker项目,部分表土材料为海成黏土,地面产生的渗透极小。另一方面,一些砂石和砾石覆盖在岩石表面,如果越来越多的水透过土壤从较高水平渗透,则该岩石层作为浸润层,将大大影响水平衡。

水平衡模型还可用于预测观测井或地下泉水的水位。

8.6 注浆和地下水监测策略

对于Jong-Asker铁路隧道,注浆策略包括第3或第4序列注浆孔组的预注浆。各注浆序列的钻孔长度为21~27m,并根据进入钻孔的渗漏水量情况,钻补充孔。然而,改变注浆主要工作参数将影响地下水位变化。为了能够快速反映地下水位的变化,建造了大约60口井,持续记录地面水位并在互联网上显示(使用电话调制解调器),24小时不间断地跟踪注浆工作。不过,小于4L/(min·100m)的极低渗水率,需要使用超微细水泥以及高注浆压力进行注浆作业。

郊区隧道注浆策略应能够应对变化的地面条件,且对环境影响降至最低。进行注浆作业规划时,应将持续记录的地下水位和压力计的读数作为加强预注浆的重要参数,隧道内渗漏水的测量值作为次要参数。

当总体目标是将任何地下水下降的影响降至最低时,必须采取预注浆方案。注浆项目使用极微细水泥、水泥添加剂和现代化设备,并辅以高注浆压力。

建议调查阶段内进行地下水径流建模和水平衡计算。通过建模和计算,可以更好地掌握不同参数对地下水治理的影响。

奥斯陆环形地铁灌浆设备

本章参考文献

[1] Allen D M, Michel F A. Characterizing a Faulted Aquifer by Field Testing and Numerical Simulation[J]. Ground Water, 1999, 37 (5): 718-728.

[2] Anderson M P, Woessner W W. Applied Groundwater Modeling, Simulation of Flow and Advective Transport. Academic Press, Inc., San Diego, 1992, 381.

[3] Committee on Fracture Characterization and Fluid Flow. Rock Fractures and Fluid Flow: Contemporary Understanding and Application. National Academy Press, Washington D.C.,1996, 551.

[4] Freeze R A, Cherry J A. Groundwater, Englewood, New Jersey, Prentice-Hall Inc.

[5] Gburek W J, Folmer G J, Urban J B. Field Data and Ground Water Modeling in a Layered Fractured Aquifer[J] Ground Water, 1999, 37 (2): 175-184.

[6] Kitterød N O, Colleuille H, Pedersen T S, et al. Vanntransport i Oppsprukket Fjell. Numeriske Simuleringer av Vannlekkasjer i Romeriksporten.Norges Vassdrags- og energidirektorat，1998, Document 11, 43 (in Norwegian).

[7] Lei S. An analytical Solution for Steady Flow into a Tunnel[J]. Ground Water, 1999, 37 (1): 23-26.

[8] Lindblom, Ulf. Krav på Injektering vid Tunnel Byggande. Bergmekanikdagen, Stockholm, 1999, 59 – 65 (in Swedish).

[9] NFF（Norsk Forening for Fjellsprengningsteknikk）. Fjellinjeksjon; Praktisk Veiledning i Valg av Tettestrategi og Injeksjonsopplegg, Handbook no.1, Oslo (in Norwegian).

[10] Pohll G, Hassan A E, Chapman J B, et al. Modeling Ground Water Flow and Radioactive Transport in a Fractured Aquifer[J]. Ground Water, 1999, 37 (5): 770-784.

9 环境敏感区内 25km 特长供水隧道建设规划

Vidar Kveldsvik
Norwegian Geotechnical Institute

Thomas Holm
VBB VIAK

Lars Erikstad
Norwegian Institute for Nature Research

Lars Enander
VBB Samfunnsteknikk

摘要：目前计划从 Holsfjorden 湖到奥斯陆 Oset 饮用水处理厂修建一条新隧道，作为未来向奥斯陆（Oslo）市供水的重点工程。隧道全长 25km，沿线经过许多环境敏感区。为提高隧道对外部环境影响的可预测性，进行了全面的建设规划。具体工作内容包括：前期工程地质勘察和对水文地质的综合研究。根据工程水文地质研究，可以设定具体的岩体注浆和隧道衬砌标准。

9.1 工程简介

由于长期处于干燥气候条件下，奥斯陆市如今面临供水不足的问题。因此，须对奥斯陆市补水的可行性进行研究。研究表明，最好通过 Holsfjorden 湖向奥斯陆供水。Holsfjorden 湖位于奥斯陆市以西 25km 处，如图 9-1 所示（Holsfjorden 湖在西侧，奥斯陆在东侧）。

奥斯陆周围有许多湖泊，这些湖泊是人们休闲娱乐的好去处。Holsfjorden 湖作为挪威第四大湖——Tyrifjorden 湖的一条支流，从 Holsfjorden 湖中取水几乎不会造成什么影响，其最大流量为 $4.5m^3/s$。Holsfjorden 湖的水质优良，尤其是水面以下 50~100m 处的湖水。

由于奥斯陆和 Holsfjorden 湖之间丘陵较多，因此只能利用隧道从 Holsfjorden 向奥

9 环境敏感区内 25km 特长供水隧道建设规划

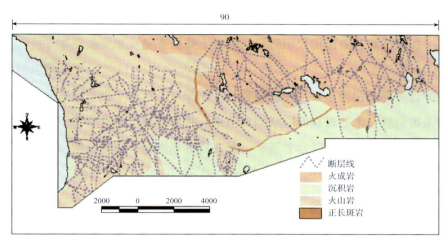

图 9-1 地质概览图

斯陆输水。隧道的设计横截面积约为 22m²（若通过钻爆法开挖）或 13m²（若利用隧道掘进机开挖）。该输水隧道的路线多种多样，主要取决于在 Holsfjorden 湖的起始位置和在奥斯陆的终止位置。该隧道施工面临的一个主要问题是，隧道必须穿过地下水渗漏非常敏感的地区。奥斯陆地区的隧道开挖引发了两个明显的地下水问题：

（1）土岩结合处的孔隙压力降低，造成海成黏土发生固结沉降，进而损坏土壤基础上的建筑物，参见 Karlsrud（2001）。

（2）破坏自然环境，具体表现为湖泊和河流的水位降低或流量减小，沼泽地排水量和泉水流量降低，以及植被遭毁坏。

本章旨在阐述隧道规划过程中的各个步骤，重点关注环境问题。

9.2 规划过程

供水隧道的建设规划大约持续一年，分为 3 个主要阶段：

（1）系统研究阶段，包括取水概念、如何通过隧道取水和水处理概念等。

（2）位置研究阶段，包括取水位置、供水隧道和通行隧道的位置、水处理设施的位置，以及如何利用配有全新输水路线的设施，为客户提供"随时可用"的水。

（3）针对备选方案的初步设计。

系统研究过程中涉及的一个主要问题是，能否在海平面之上 63m 处通过水泵将 Holsfjorden 湖水泵送至海平面之上 80m 或 150m 处的奥斯陆水处理设施中。研究结论是，可利用水压差输水并在海平面上方 55m 处的奥斯陆地区进行所有泵送活动，从而将水输送至水处理设施。

位置研究涉及4个可能的Holsfjorden湖取水位置、3个可能的水处理设施位置、Holsfjorden和Oslo（奥斯陆）之间3条主要隧道路线（南部路线、北部路线和中间路线），以及用于向客户供水的各种隧道路线。对于Holsfjorden湖和奥斯陆之间的隧道而言，最重要的是工程水文地质条件及环境问题。通过研究，我们可以清楚地看到应该选择哪种备选方案，经分析，选择在Holsfjorden湖和奥斯陆之间进行接近直线的东西方向连接。

9.3　前期地质勘查

前期工程地质勘察基于对奥斯陆地区二叠纪地质条件的现有研究。这些研究包括针对岩石类型和结构（如断层、断裂带和火成岩侵入体）进行详细绘图。作为新建铁路规划工作的一部分，挪威地质研究院（NGI）对多个地区的岩体进行了分类，该新建铁路的位置与Holsfjorden湖—奥斯陆输水隧道的位置部分重叠。在输水隧道工程建设期间，进行了一些额外的野外填图作业。通过钻探和地球物理调查，进行了更加广泛和全面的现场勘查工作。供水隧道部分地质断面如图9-2所示。针对输水隧道进行了以下研究：

（1）利用地震折射波法进行调查：调查长度7.0 km。

（2）斜孔取芯（包括水压试验）：总共9个钻孔，长1040m。

（3）超低频（VLF）测量：测量长度6km。

（4）倾斜冲击钻进（包括注水试验）：共11个钻孔，长2200m。

（5）旋转测深：共25个钻孔。

（6）竖井和针对被污染土壤样本进行的钻探。

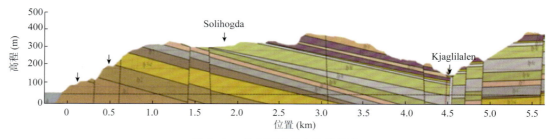

图9-2　供水隧道部分地质断面

9.4　地质情况

9.4.1　岩石类型和弱化带

基岩主要由早二叠世火山岩（约13.2 km）和晚二叠世深成岩（约10.6 km）构成。由于接近形成年代较晚的深成岩，因此在角岩中也发现了长约1.5km的沉积岩。

9 环境敏感区内 25km 特长供水隧道建设规划

25.4km 长隧道沿线的岩石类型分布见表 9-1。表 9-1 也列出了各隧道段弱化区（即含断层、断裂带区域）的数量，该弱化区还可能伴随有火成岩侵入。

表 9-1 供水隧道沿线的岩石类型分布

里程（m）	长度（m）	岩石类型	假定的弱化带（数量）
0~8940	8940	菱形斑岩	17
8940~9140	200	正长斑岩	2
9140~11900	2760	玄武岩(B3)	9
11900~14170	2270	深成岩	7
14170~14530	360	玄武岩(B3)	2
14530~15640	1110	深成岩	5
15640~16810	1170	玄武岩(B3)	2
16810~21680	4870	深成岩	16
21680~23220	1540	角岩	10
23220~25400	2180	深成岩	5

9.4.2 构造

在早二叠世，奥斯陆地区的地壳承受较大的拉伸应力。深部地壳和断层在较深处发育并裂开形成岩浆。熔岩流形成了总厚度为 1000~2000m 的结构。在晚二叠世，大量岩浆涌出至较浅地壳处，并发生固结，形成较大火成岩，如花岗岩、正长岩和二长岩。这一最近出现的活动，导致寒武志留纪的沉积岩发生变形，并造成上方的熔岩流位置升高，并发生倾斜。此外，还发生了火山口沉降，沉降距离达 740m。如今看来，这些重大的地质活动，形成了大量的断层和断裂带。最常见的主要断层走向为北－南和北北西－南南东，具有垂直或接近垂直的倾角。部分断层处出现了方解石胶结现象，形成了方解石角砾岩。其他断层出现在由黏土、碎石和密实岩块构成的几十米宽的断裂带。

弱化带之外的岩体通常具有 2 个节理组和断续节理，并能形成 3 个节理组。这些节理组占所观察结构的 75%。通常情况下，可以观察到北－南走向的垂直－近垂直节理组以及另外的近垂直节理组，并有可能观察到一个近水平的节理组。节理间距各不相同，从几十厘米到 2~3m 不等。

9.4.3 岩体质量

根据前期勘察结果，对岩体质量分布进行了 Q 法分类（Grimstad 等，1993），见图 9-3。

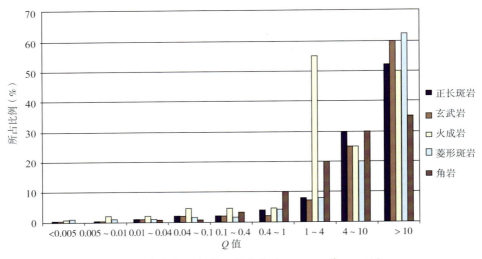

图 9-3　各类岩石中的 Q 值分布（Grimstad 等，1993）

图 9-3 表明，岩体质量基本有利于隧道开发。当 Q 值大于 10 时，通常认为不需要进行岩石支撑。在岩体质量最差的位置，需要对喷射混凝土和浇注混凝土衬砌使用加强筋。由于 Holsfjorden 湖和奥斯陆之间的隧道呈南北走向，因此无论隧道路线如何，选线都会经过主要断层，见第 9.4.2 节。避免遇到主要断层的唯一方法是停止修建隧道，实际上已经在最东边的区域（Maridalsvann 湖旁边）采取了该措施。湖泊中和湖泊南部的地震反射波表明较长截面内的岩石条件极差，因此决定在海床处使用管线（非隧道）。

9.4.4 岩石覆盖层

最浅隧道的深度为 100m 左右，长至少 70m。最大岩石覆盖层约为 350m。大约 6500m（26%）的隧道具有超过厚 250m 的岩石覆盖层。

9.5　识别对地下水排水有不同敏感度的自然区域

由于孔隙压力降低及海洋黏土沉积对初步设计所用输水隧道路线产生的影响有限，因此须关注对自然区域可能造成的破坏，具体表现为湖泊或河流的水位降低、流量减小，沼泽地排水量和泉水流量降低，以及植被遭毁坏。

9.5.1 自然区域的脆弱性和影响地下水的原则

以下几类自然区域具有潜在的脆弱性：

（1）湖泊和池塘。

（2）各类沼泽地。

（3）湿地。

（4）入渗泉水和溪流。

某一地区的地下水位取决于水平衡，可通过以下参数加以衡量：

（1）流入量。

（2）流出量。

（3）储量变化。

如果隧道造成地下水排放，那么会影响该地区的水平衡，从而影响地下水位。这表示，与流入量较大的区域相比，流入量较小的区域对特定隧道渗漏更加敏感。此外，还表明，当流入量较小时，特定隧道渗漏造成的生态影响可能较大。因此，某一地区的自然环境脆弱性与该地区的地下水流入量有关，即与集水区的规模有关。

9.5.2 识别方法

依据数字地图，可以识别并划分地下水的自然区域类型。根据实际集水区的规模，对各类自然区域的脆弱性进行分类。

根据数字高程模型（DEM）对汇水区的规模进行计算，模型分辨率为 10m×10m，等高线间隔为 5m。通过计算向同一处排水的区域面积来计算集水区规模。首先，计算向湖泊、池塘、沼泽地等场所同一位置处排水的集水区面积。之后，计算向同一位置排水的集水区总面积。具体算法是将实际排水位置上游的所有汇水区面积相加。图9-4所示为通过山体阴影显示的数字高程模型。图9-5显示了集水区和具体径流。

按照下列方式对基于集水区规模的脆弱性进行分类，第1类被划分为最脆弱的地区。

第1类：流域面积小于 $0.5km^2$ 的沼泽地和湖泊、池塘。

第2类：流域面积介于 $0.5\sim1.0km^2$ 之间的沼泽地和湖泊、池塘。

第3类：流域面积介于 $1.0\sim2.0km^2$ 之间的沼泽地和湖泊、池塘。

第4类：流域面积介于 $2.0\sim5.0km^2$ 之间的沼泽地和湖泊、池塘。

第5类：流经模型区域河流系统的湖泊，流域面积较大，但脆弱性较小。

由于未对数字地图上节选的陆地区域（包括所有不同类型的自然区域）的地下水，

图 9-4　通过山体阴影显示的数字高程模型

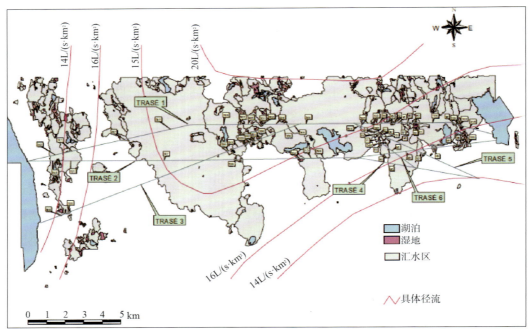

图 9-5　集水区和具体径流

加以规定，因此采用额外的凹模型。利用该模型的目的是识别可能达到近地表地下水水位的区域，此类区域表示为"潜在脆弱区"。现介绍研究方法和步骤：

（1）高程模型中各点 (10m×10m) 的高程均用 z 表示。对于各点而言，计算直径为 250m 的圆圈内的平均高程 z_m。

（2）计算 z 和 z_m 之差。

（3）对于 $z-z_m<-1m$ 的点，进行数据集中记录。

（4）将坡度大于 15° 的点从数据集中清除，因为这些区域很可能只受到渗水的影响。

（5）数据集中的其他点经过适当检查，形成连续区域。将只包括一个或两个点的

9 环境敏感区内 25km 特长供水隧道建设规划

区域从数据集中清除。

图 9-6 显示了部分规划区域的脆弱性分类。

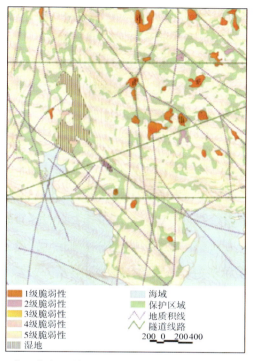

图 9-6 基于集水区模型和凹模型的脆弱性分类（部分地图）

脆弱性分析的最后一步是检查隧道沿线部分"湿地"的位置。通过野外填图，可以估算特定位置处的自然（非物质）价值，并可以按照"价值有限/较小"至"局部价值较高"的标准对特定位置进行分类。此外，还可以根据对地下水位下降的敏感性进行分类。野外填图还揭示出，"潜在脆弱"区域实际上包括较小的沼泽地和湿地等。然而，实际脆弱区域比通过分析发现的区域要小。

9.6 地下水流向隧道所受到的限制

9.6.1 概述

通过以下五项，对地下水流向隧道所受到的限制进行评估：

（1）自然区域受地下水渗漏影响的脆弱性。

（2）建筑物沉降风险，参见 Karlsrud（2001）。

（3）隧道系统（包括输水隧道和通行隧道）的地下水渗漏总量不得超过 7500L/min，每 100m 隧道的渗漏量为 27L/min。该水量相当于在水流量最小时，输水隧道内 20% 的地下水。

（4）不允许受污染的地下水发生渗漏。

（5）天然地下水的水质：Holsfjorden 湖水和地下水的混合物不含未满足饮用水和水处理厂内原水要求的元素。

9.6.2 受污染的地下水

设计期间，识别了地下水受到严重污染的位置。对于所选择的隧道路线，确定了以下几种可能的主要污染源：

（1）来自已关闭浸渍设施的 CCA（铜、铬和砷）。

（2）来自地下储罐渗漏的 BTEX（苯、甲苯、乙苯和二甲苯）。

（3）来自下水管的 BV（细菌和病毒）。

对于可能的 CCA 污染，进行了广泛的调查。由于土壤和地下水中的 CCA 浓度适中，根据该位置的水文地质条件，得出一个结论：可以忽略在输水隧道中发现的可检测 CCA。因此，CCA 污染不会对该地区的地下水渗漏量产生影响。

BTEX 和 BV 可能通过地下水移动至隧道内，利用数字模型对该情况进行分析。在建模工作中利用了"最不利情况"下的方案，得出的结论是，BTEX 或 BV 均不会影响原水质量。因此，其不影响设有下水管和地下储罐地区的地下水渗漏量。

9.6.3 天然地下水的水质

从隧道沿线的 19 个钻孔中收集了地下水样本。其中 8 个钻孔样本来自两个不同深度。样本分析表明 Mn 浓度变化较大，从极低到极高。此外，可以利用有关 Holsfjord 隧道西侧以南输水隧道内菱形斑岩和玄武岩的数据。实际渗漏至现有隧道的地下水水样的 Mn 浓度通常非常低。

未针对在部分样本中检测到极高 Mn 浓度这一情况进行充分解释。最有可能的解释是：Mn 通过节理上的 Mn 涂层进入含水断层和密实结构，该涂层在含氧量较低时溶解在地下水中。为保护环境，需要通过注浆和防水衬砌来减少含水结构的漏水现象。在此基础上，对有关情况进行评估，发现原水中的 Mn 浓度很有可能低于允许的饮用水最大 Mn 浓度（50g/L）。

9.6.4 出现地下水渗漏时的自然脆弱性

利用通过集水区径流量百分比表示的隧道内地下水渗漏率对自然产生的影响进行分类，具体内容如下：

（1）渗漏率＜径流量的 10%：无影响或影响较小。

（2）渗漏率为径流量的 10%~20%：中度影响。

9 环境敏感区内 25km 特长供水隧道建设规划

（3）渗漏率>径流量的20%：影响较大。

该工程需满足一个严格要求，即对自然环境不产生影响或只产生很小的影响。因此，在各类集水区内允许地下水渗漏量的计算值被限制为径流量的10%。根据土地覆盖情况，对取决于地下水类型的自然区域进行了识别和分类（见第9.5.2节）。若由于集水区未包括该类土地覆盖而致使未计算集水区的面积，那么将每100m隧道的渗漏率设置为30L/（min·100m）。大多数此类区域包括"潜在脆弱区"。由于将整个隧道系统的总渗漏率限制为7500L/min（每100m隧道的渗漏率为27L/min），因此必须将部分区域的渗漏率减小至小于径流量的10%。总而言之，所分析29个隧道段的允许渗漏率各不相同，从5L/（min·100m）到40L/（min·100m）不等。应从"安全角度"分析允许的渗漏率，并考虑对自然区域可能造成的破坏。

9.7 水文地质条件

9.7.1 岩体导水率

根据利用较浅钻孔进行供水的经验，我们发现奥斯陆地区的火山岩（即菱形斑岩和玄武岩）比挪威其他类型岩石的产水率高（Morland，1997年）。其主要原因是各类近水平熔岩流的顶部具有多孔性。较深处的取芯钻进表明，130m深处的近水平层存在大量的水分流失。在更深处，偶尔会发现大量水分流失，这通常与沿张性节理的较陡构造（如断层和辉绿岩侵入体）有关。

在奥斯陆地区，最小的水平应力为东西向应力，呈南北走向的主要结构具有与主要断层和节理相吻合的最大导水率。

可以利用几种情况下的导水率估算资源量，具体包括：

（1）挪威地质调查局的基岩水井数据库。

（2）取芯钻孔（包括水压试验）。

（3）冲击钻孔（包括注水试验）。

（4）奥斯陆地区火山岩中现有隧道的渗漏率。

挪威地质调查局数据库可以提供有关30000多口井的信息。隧道附近的116口二叠纪岩井也包含在导水率分析中。对于每口井，提供了钻探之后的深度和产水率信息。各井的导水系数（T）可通过以下公式进行估算：

$$\lg T = 1.17 + 1.13 \times \lg\left(\frac{Q}{d}\right) \quad (\text{适用于 } d<50\text{m 的情况}) \tag{9-1}$$

$$\lg T = 0.16 + 0.93 \times \lg\left(\frac{Q}{d}\right) \quad (\text{适用于 } d > 50\text{m 的情况}) \tag{9-2}$$

式中：Q——产水量，m^3/s；

d——井深，m。

基岩导水率 K（m/s）通过导水系数进行计算，计算公式为 $K = \dfrac{T}{d}$。

图 9-7 表明导水率和井深（约 90m）之间有较好的相关性。对于更深的井，导水率与井深关系不大。

图 9-8 表明，90m 深的水井导水率数据非常适用于对数正态分布，且对于深达 90m 的水井，最有代表性的导水率中值约为 5×10^{-7} m/s。

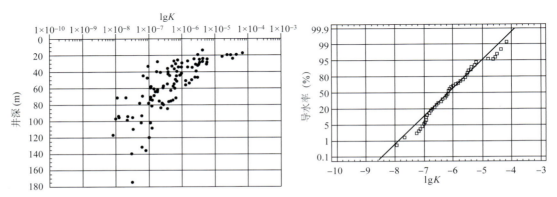

图 9-7　导水率和井深（约 90m）之间的相关性　　图 9-8　90m 深的水井导水率的对数正态分布

图 9-9 表明，该 90~180m 深的水井导水率数据非常适用于对数正态分布。对于深度介于 90~180m 之间的水井，中值约为 5×10^{-8} m/s。

对 5~140m 深的 9 个岩芯钻孔进行系统的水压试验，用于测量在 1MPa 超压下的失水情况。图 9-10 表明，5~140m 深的水井导水率数据非常适用于对数正态分布，且中值约为 5×10^{-7} m/s。需要注意的是，大多数最高 K 值出现在深度小于 60m 的位置。

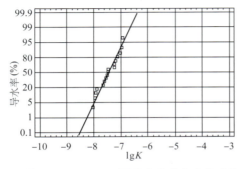 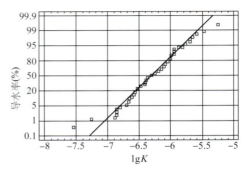

图 9-9　90~180m 深的水井导水率的对数　　　图 9-10　5~140m 深的水井导水率对数
　　　　正态分布　　　　　　　　　　　　　　　　　　正态分布

9 环境敏感区内 25km 特长供水隧道建设规划

在可能存在含水结构的位置形成了 11 个冲击钻孔。

钻孔达到的最大垂直深度为 235m。对于 50m 的钻进井段，按照以下程序进行注水试验：

利用压缩机和钻杆对钻孔进行了 30min 的空气冲洗。在接下来的 30min 内，利用压力计测量，发现钻孔内水位上升。

将 1min（上述 30min 内）内的最大水流入量视为导水率估算值。根据式（9-1）和式（9-2）进一步计算导水率。

由于实际试验井段上方的 50m 钻孔井段未实现液压隔离（开放式钻孔），因此需要计算流向实际井段的净流入量。具体算法是从钻孔总流入量中减去之前获得的流入量。图 9-11~图 9-13 显示了导水率的对数正态分布，图中将此类井段标为假定水井。

图 9-11 表明该数据并不完全适用于对数正态分布。至少显示了两个统计学群体，其由高于 2×10^{-7} m/s 的 K 值构成。假定此类较高数值是由各类试验区段内承受中等和大量水流的结构形成的。

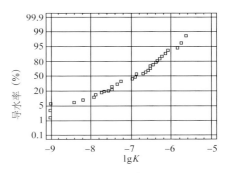

图 9-11　0~250m 深的所有 40 个假设井的导水率对数正态分布

图 9-12 和图 9-13 显示的结果与图 9-11 所示的相似，即存在承受中等和大量水流的结构。

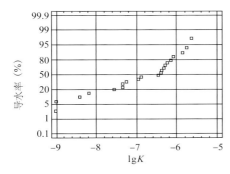

图 9-12　0~100m 深的 21 口假设井的导水率对数正态分布

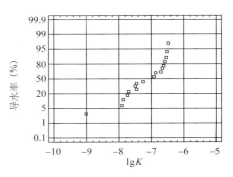

图 9-13　100~250m 深的 19 口假设井的导水率对数正态分布

如果忽略较高的 K 值，那么其他 K 值可能代表具有较高导水率结构之间的岩体质量。"岩体质量"的范围为 $5 \times 10^{-9} \sim 2 \times 10^{-7}$ m/s（适用于 0~100m 深度）和 $1 \times 10^{-8} \sim 1 \times 10^{-7}$ m/s（适用于 100~250m 深度）。

根据导水系数 T（m^2/s）的对数正态分布，若 T 值大于 $1×10^{-6}m^2/s$（对应的50m隧道段的 K 值为 $2×10^{-8}m/s$），则基础数据中遗漏了"低导水率"部分，从而造成以下结果：

（1）在0~100m深处，存在 $1×10^{-6}$~$3×10^{-5}m^2/s$ 和 $6×10^{-5}$~$1×10^{-4}m^2/s$ 两种导水系数范围。后一种范围表明遇到了承受大量水流的结构。

（2）在100~250m深处，数据分布较均匀，中值约为 $1×10^{-5}m^2/s$，最小和最大值分别为 $2×10^{-6}m^2/s$ 和 $7×10^{-5}m^2/s$。

现有的5.45km长Kattås隧道穿过地面下100m深处的火山岩。根据基于测量渗漏率的反演计算，250m长隧道段的导水率为 $7.6×10^{-7}m/s$，其他部分隧道（5200m）的导水率为 $2.9×10^{-8}m/s$。

9.7.2 水文地质概念模型

根据9.7.1节中的描述，建立了隧道路线的水文地质概念模型，如图9-14所示。对于"含水"结构之间的岩体，假设导水率为 $5×10^{-9}$~$1×10^{-7}m/s$（适用于0~100m深处）和 $1×10^{-8}$~$5×10^{-8}m/s$（适用于100~250m深处），说明存在80%的范围概率。100~250m深处的中间 K 值为 $3×10^{-8}m/s$。中等透水结构（$T=1×10^{-5}m^2/s$）代表"中间含水结构"。

从图9-14可以看出，该模型未涵盖深度大于250m的位置。原因是缺乏有关此类深度的资料。26%隧道沿线的岩石覆盖层超过250m。水文地质概念模型也用于深度大于250m的情况，以评估是否需要进行隧道密封。

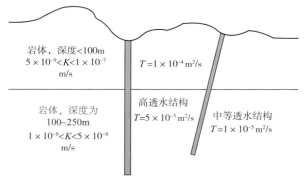

图9-14　隧道路线的水文地质概念模型

9.8　岩体注浆和防水隧道衬砌范围评估

根据水文地质概念模型，对隧道密封情况进行了3种预测：

9 环境敏感区内25km特长供水隧道建设规划

（1）乐观预测：需要进行"很少的"隧道密封。该预测基于 $K20=1\times10^{-3}$m/s 且 $T=1\times10^{-5}$m^2/s。

（2）最有可能的预测：基于 $K50=3\times10^{-8}$m/s 且 $T=1\times10^{-5}$m^2/s，"最有可能进行"隧道密封。

（3）悲观预测：基于 $K80=5\times10^{-8}$m/s 且 $T=1\times10^{-5}$m^2/s，需要进行"大范围"隧道密封。

针对各种不同的隧道段进行隧道密封范围的预测，具体内容如下：

（1）计算最大容许渗漏量（见9.6.4节）。

（2）根据水文地质概念模型和上述 K 值计算渗漏量。对于所有假定的含水结构，T 值为 1×10^{-5}m^2/s。

（3）若预测的渗漏量大于允许渗漏量，则需要对岩体注浆进行"建模"。

（4）首先对含水结构进行注浆。假定注浆会使渗漏量减少至原来渗漏量的10%。此外，还假定每个含水结构平均需要沿隧道进行30m注浆。

（5）如果注浆之后的渗漏量仍然较大，则对隧道二衬之间注浆区的长度进行预测。假定隧道周围注浆区的 K 值降低至 3×10^{-9}m/s，且注浆区的厚度为7m。该 K 值（3×10^{-9}m/s）是基于对奥斯陆地区大量隧道进行注浆并测量渗漏率，然后进行反演计算得到的。所选择的 K 值反映了在隧道内注浆实现的最佳效果。

（6）若对整个隧道进行注浆且仍然超过最大允许渗漏量，则须对防水衬砌的长度进行预测。首先，为二衬铺设衬料，并消除渗漏。如果这样做仍然无法满足要求，则为二衬之间的隧道铺设衬料，直到渗漏率减小至允许的数值。

利用下列方程式计算渗漏率：

$$Q=\frac{2\pi Kdl}{\ln(2d/r_e)} \quad (9-3)$$

$$Q=\frac{2\pi Td}{\ln(2d/r_e)} \quad (9-4)$$

$$Q=\frac{2\pi K_idl}{\ln[(r_e+t)/r_e]} \quad (9-5)$$

式中：K —— 岩体导水率；

K_i —— 隧道周围注浆区的导水率；

T —— 含水结构的导水系数；

d —— 地下水水位之下的深度；

l —— 隧道长度；

r_e —— 隧道当量半径，取 2.7m；

t —— 注浆区厚度，取 7m。

针对隧道密封进行的预测见表 9-2。

表 9-2 针对隧道密封进行的预测

类 别	注浆长度（m）	注浆率（%）	防水衬砌（m）	防水衬砌所占比例（%）
乐观预测	5141	18	825	3
最有可能的预测	17123	61	2246	8
悲观预测	22810	82	2246	8

本章参考文献

[1] Grimstad E, Barton N. Updating of the Q-system for NMT. Proceedings from International Symposium on Sprayed Concrete Modern Use of Wet Mix Sprayed Concrete for Underground Support. Norwegian Concrete Association, 1993.

[2] Karlsrud K. Control of Water Leakage When Tunnelling under Urban Areas in the Oslo Region. NFF Publication, 2001, No. 12.

[3] Morland G. Petrology, Lithology, Bedrock Structures, Glaciation and Sea Level. Important Factors for Groundwater Yield and Composition of Norwegian Bedrock Bore Holes [D]. 1997.

10 岩体注浆——地下工程的安全保障

Steinar Roald

Dr S.Roald

Nick Barton

Dr Nick Barton and Assosiates

Tarald Nomeland

Elkem Materials

摘要：近年来，挪威的一些项目遇到敏感区域内隧道挖掘引起的地下水排水问题，在施工过程中，还有有害废水流入。这些事件促使岩体注浆技术的发展。目前，该技术可在一定程度上保障地下工程环境安全，并具有经济可行性。本章阐述了隧道挖掘过程中岩体注浆的重要性，其中，双重注浆策略包括渗漏控制和岩石加固两方面内容。

10.1 注浆的重要性

在过去十年中，地下工程的相关技术取得了较大发展。钻孔设备、隧道钻机、喷射混凝土设备和材料以及支架系统得到改进。然而，各国注浆技术的发展速度或水平却并不相同。

几乎全球各类报纸和杂志均普遍提及地下水位下降导致的环境问题，以及止水带进水、隧道掘进速度放缓或隧道潮湿条件导致的衬砌系统和装置耐久性问题。

城市地区自由空间的缺乏和发展中国家的主要基础设施需求的加大，都需要更多的隧道工程。隧道施工不得对其周围环境造成严重影响，该理念同样适用于城市以外的地区。

未来的挑战是以节约成本的方式建造环境友好型隧道，同时要保障工人和使用者的安全，这意味着要发展改进施工的方法和技术，以降低岩石渗透性，并提供必要的渗漏控制。

三腿椅可用于说明一种稳定的情况。去除一条腿以后，椅子便会不稳定，加上一条腿以后，其具有稳定性。土木工程施工所用的测量三脚架，假设测量三脚架具有 3 条以下的腿，其将无法工作。测量三脚架如图 10-1、图 10-2 所示。三脚架每条腿都可进行调整，其能够适应任何地形。

图 10-1　三脚架用于各向异性法的特殊测量需求

图 10-2　三脚架架腿的平衡

测量三角架起主要作用的腿根据实际地形决定。有时，通过一条长腿和两条短腿实现位置稳定；有时，测量员需要三条长腿或三条短腿。一条腿中的轻微缺陷可通过调整其他两条腿来纠正。一条或更多条腿中的严重故障，将使其无法进行测量。最后，可对测量表进行微调，这仅仅允许"专业人员"来操作。

10.2　岩体注浆的目的

对于地下工程而言，一个关键问题是：为什么进行岩体注浆？对于这个简单却重要的问题，答案包括以下三点：

①以经济和安全的方式建造隧道；②防止隧道引起的环境影响；③改善作业期间隧道的内部环境。

这三项注浆目的哪个最重要，需要根据具体工程情况而定，也就是说，三项注浆目的，对应三种不同注浆标准，应在地下工程项目的规划和设计阶段对其进行评估。

因此，控制标准可根据情况而变化，而且实施适当渗漏控制所需的注浆策略也可能随之发生变化。注浆技术的最新发展可能以某种注浆方式影响全部注浆策略。

制定注浆策略以前，必须符合岩体注浆的目的。

10.3　建造地下洞室

建造隧道时，通常包括三项主要工作。

10 岩体注浆——地下工程的安全保障

（1）开挖。

（2）岩石支护。

（3）注浆。

它们之间相互关联，相互平衡，犹如"三脚架"的3条腿（图10-3）。

图10-3 三脚架三架腿平衡也作为隧道安全挖掘的一种比喻

这个比喻同样适用于机械开挖技术，例如由硬岩到软岩隧道开挖用全断面掘进机或巷道掘进机，以及传统钻爆技术。

开挖和岩石支护均已达到比注浆更先进的技术水平。在近年来，我们研究并总结了开挖和岩石支护之间的相互联系（Barton和Grimstad，1994年）。因此，这两项工作被视为地下工程中最坚固的"两条腿"，而注浆无疑就是相对较弱的"那条腿"。

一直以来，与隧道开挖相关的注浆传统目的在于防止严重进水，并减少隧道系统应抽出的水量。在大多数情况下，注浆仅作为一种应急措施，用于解决发生进水后的问题。此外，一些人也在讨论注浆后岩石的稳定和加固问题。

到目前为止，材料属性和注浆技术仍存在局限性，其限制了注浆对岩体改善效果的可预测性。在挪威，注浆材料和注浆技术的最新发展，提高了通过注浆实现有形岩体改善（非渗透性和加固）的可能性。注浆材料最新发展提高了浆液的性能：

（1）注浆渗透，达到或接近0.1Lu的渗透率。

（2）液相中的稳定注浆（小于2%水分流失）。

（3）硬化过程中收缩极少或无收缩（小于1%~2%的体积损失）。

（4）将低黏度、控制凝固注浆"导"入隧道周围规定的低渗透性区域。

（5）注浆材料的环境安全和长期耐久性。

上述一些属性(体积稳定性/强度)可在描述岩石质量的分类系统中体现或反映出来，例如 RMR 和质量体系。通过上述分析，可根据岩石质量变化，来说明注浆的影响：

（1）注浆前的岩石质量。

（2）注浆后的岩石质量。

若注浆前的岩石质量已知，则能够预测注浆后的岩石质量，并能够估算注浆时间和通过注浆实现的成本效益。此外，它能够说明注浆如何在恶劣岩体条件下保障掘进速度。因此，注浆不再仅仅是一种应急措施，而日益成为整个隧道安全挖掘的有效措施，不断改变着隧道挖掘的理念。

10.4 注浆对岩石质量的影响

注浆通常是控制隧道进水的一种方式，用于保护环境并促进施工。毫无疑问，注浆产生的效果是强化效应（Barton 等，2001 年）。

新型注浆产品和技术允许岩体中的渗透具有低至 0.1Lu 的渗透率。所涉及物理过程的阐释，已成为质量体系参数和注浆前后进行的 3D 渗透性测试的重要依据。

有关研究表明，质量体系参数 RQD、J_r 和 J_w 可能增大，同时，J_n、J_a 和 SRF 可能减小。渗透率张量可能偏离后续注浆设定的可渗透性最低压力点。这与 RQD/J_n、J_r/J_a 和 J_w/SRF 中小幅度的个体增加相一致。每个部分可能很小，但是其组合后的结果可能会显著不同。

这意味着，对于质量体系而言，应注意以下影响：

（1）在干燥条件下，预注浆可提高岩石质量等级。

（2）在潮湿条件下，预注浆可提高两级甚至三级质量等级。

有效预注浆的总体效果是，岩体渗透性下降、隧道位移减小、隧道挖掘时岩石支护要求降低、变形模量增大以及地震速度增加。

10.5 预注浆的成本和计划

开挖成本主要取决于岩石质量。岩石质量影响钻孔和填料的耗时。此外，在不良岩石条件下的岩石支护也比较耗时。不良岩石条件可能增加施工工期、减小每一施工段的施工长度。因此，每米掘进所需时间不成比例地变化。

开挖成本以岩石质量的一个函数进行计算，由承包商在奥斯陆附近 100m² 晶质岩交通隧道中，进行成本测算。相对开挖成本如图 10-4 所示。

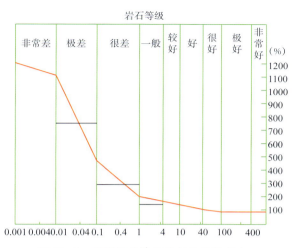

图 10-4　不同质量等级的相对开挖成本

注：预注浆使岩体潜在质量提高、施工成本降低

成本分析表明，提高岩石质量，既节约成本，又节省时间。如上所述，注浆可将岩石质量提高一个或两个等级。注浆费用通过地质条件好的施工段的开挖和节约的岩石支护费用收回。

挪威公路管理局具有丰富的岩体注浆经验。在 Kristiansand 的 Baneheia 隧道工程中，实施了一项特定方案，以保持环境敏感区域内的地下水位。岩石支护、防水板和防霜的成本节约，补偿了注浆工程费用，并在总体上节约了时间。在 Stavanger 的 Storhaug 公路隧道工程中，在质量较差的岩石带进行预注浆后，预计的全混凝土衬砌被喷射混凝土和岩锚代替（Davik 和 Andersson，2001 年）。

10.6　注浆策略

理想的注浆效果，应在隧道周围形成一个低渗透性区域。从隧道较远的地点运输注浆不仅费时而且费钱，因此不同地质情况要有不同的注浆策略。注浆策略基本上可概括为以下两种：

（1）正常节理岩体中的预注浆。

（2）严重节理化岩体或风化/破碎带中的预注浆。

对于这两种情况，注浆扇面必须具有足够数量的孔，以确保能够一次完成注浆。这也意味着注浆作业应从下至上开始，具体参考图 10-5。

无论从技术角度，还是从经济角度上考虑，一次性完成注浆都很重要。若注浆失败，下一轮注浆必须从已注浆区域外部开始,这是由于第一轮注浆失败,可能是浆液无法进入含水节理引起的。在一次性完成的注浆施工中,成本的少幅增加,将节省第二轮注浆的成本。

良好岩石条件下的注浆:在良好岩石条件下,预测注浆从各个注浆孔扩散相对容易。有时,也可观察各注浆孔之间的扩散。若在部分区域碰到一些开放性结构,这些区域可视为不良岩石条件。

不良岩石条件下的注浆:不良岩石条件需要采取特殊措施。通过稳定注浆建立低渗透区以前,必须控制浆液的扩散。可通过使用具有可变黏度的凝结控制水泥来完成,从而建立一个外部"隔离带"。建立外部"隔离带"以后,可进行隔离带内部低渗透区的进一步注浆,如图10-6所示。

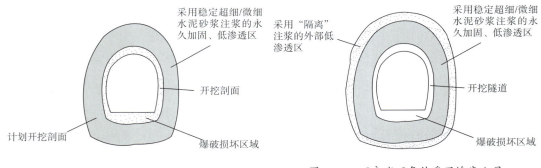

10-5 质量好的岩石预注浆　　图 10-6 不良岩石条件采用埃肯公司生产的多重注浆浆液

在良好岩石条件下的注浆,可采用极高的注浆压力。岩石可能会发生小的变形,以促使岩体加固,这意味着,注浆压力远远超出岩体所需的最小主应力。为了渗入最细节理,需要非常高的注浆压力,这一点可以通过当前可用的注浆材料细粒度来实现。

不良岩石条件通常需要大大降低喷注压力。通常,注浆应渗入风化岩体并加固岩块。有时,需要采用水力压裂法。然而,必须对隧道周围环境进行非常仔细的评估,尤其是在浅岩层覆盖时。

10.7 材料要求

从注浆技术角度来看,注浆材料应像水一样流动,像冰一样坚硬,且长期保持如冰一般的硬度。耐久性和环境安全意味着"注入岩石中的材料应保留在岩石中,且为岩石状"。

多重注浆系统是一种高性能、高耐久性的注浆系统,由埃肯 ASA 公司(一家在全球范围内运营的挪威公司)开发。

多重注浆系统依靠以下三个要素：

（1）高性能材料：埃肯公司提供材料，所有材料具有长期耐久性。

（2）注浆技术：多重注浆团队将采用最佳注浆策略，并将注浆技术传递给多重注浆系统用户。

（3）高性能设备：所提供的改进型全断面掘进机钻孔和注浆设备，将促使掘进与注浆设备达到较高的性能水平。

多重注浆系统也构成一个稳固的"三脚架"：

（1）纯硅酸盐水泥：分散 OPC、微细水泥或超细水泥（根据要求而定）。

（2）GroutAid®（产品代码）：高科技微粒硅酸浆。提高渗透性、注浆稳定性、提高耐久性。

（3）Thermax™（产品代码）：矿物凝结控制水泥，被称为控制岩石中水泥基注浆流动的最佳方法。工程费用、时间以及质量是控制注浆的影响因素。

注浆材料可适用于特殊条件：密封细节理需要细水泥，裂开节理需要不是很细的水泥。应特别注意收缩问题，隧道回流（来自细小渗漏或高掺量防水材料）或无任何压力形成时，大量注浆需要消耗更多基于"Thermax"注浆方法的"万能材料"。

10.8 注浆效果

隧道渗漏主要取决于岩体的渗透系数、水头和一定程度上由开挖和隧道横截面引起的干扰。实际上，测量固定时间内规定地段（如 100m）的渗水量更容易验证注浆效果。同时，可通过直接测量加以印证。

根据实际经验，规定 10~20bar 的地下水压力和一般岩石条件，注浆时的隧道预计渗漏量介于以下范围：

（1）快凝水泥 (100~140m)：20~50L/（min·100m）。

（2）微细水泥（<30m）：10~20L/（min·100m）。

（3）超细水泥（<15m）：2~5L/（min·100m）。

本章有关研究数据采自 Romeriksporten、Storhaug、Baneheia 隧道。

本章参考文献

[1] Dr Nick Barton, Dr Bjørn Buen. Prof. Steinar Roald. Tunnels and Tunnelling (1201+102). Grouting more than Water Control. Strengthening the Case of Grouting.

11 现代注浆技术

Knut Garshol

MBT Latin America

摘要： 岩石隧道挖掘的预注浆不同于地基注浆。在近十多年以来，隧道注浆在材料、技术、设备和实际操作过程方面均取得了长足发展。由于调整浆体凝固时间相关成本非常高，而稳定非浸渍微细水泥的使用，可降低调节成本，尤其是与使用富水含膨润土砂浆的传统"桩止点注浆"技术相比，优势明显。

11.1 技术简介

通过在岩体中钻取适当直径、长度和方向的钻孔，实施岩石中的压力注浆，在钻孔附近放置钻孔开口封隔器，在泵和封隔器之间连接一根注浆输送软管或管道，并采用过压将制备的浆液泵送至钻孔周围的岩石裂缝和接缝处。

在隧道注浆中，可采用预注浆和后注浆两种完全不同的注浆方法（图11-1）：

（1）预开挖注浆或预注浆。隧道掘进以前，钻孔从隧道掌子面钻至前方岩体，将水泥砂浆注入岩体，并使其凝固。预开挖注浆可从地表面实施，主要针对带有通往隧道上方地面区域钻孔的浅埋隧道。

（2）后注浆。注浆孔的钻取和水泥砂浆的注入，可沿已开挖隧道部分进行。

加压岩体注浆是一项具有五十多年历史的技术，在过去15~20年间，其取得进一步发展，尤其是在斯堪的纳维亚（Scandinavian），这项技术已成功应用于范围广泛的

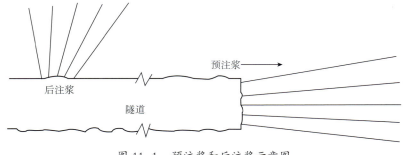

图11-1 预注浆和后注浆示意图

岩石类型（从脆弱的沉积岩到坚硬的花岗岩），并已用于防止非常高的静压水头（500m水头），以及城市地区的浅埋隧道。

11.2 岩体注浆的一般因素

11.2.1 传统的水泥基注浆技术

加压岩体注浆的最初开发是针对坝基，在一定程度上，用于地面稳定。此类工程通常对可用工作空间无实际限制。因此，注浆通常是一项独立工作，并可在不影响其他现场作业的条件下实施。

加压岩体注浆的特有方法为：

（1）在钻孔短剖面（3~5m）上进行大量水压测试（WPT），以绘制岩体质量和渗水特征图。钻孔水压测试如图11-2所示。该过程包括定期沿钻孔进行水压测试，登记总体水流失情况，即钻孔的哪些部分不漏水和哪些部分漏水。该结果通常用于确定水泥悬浮混合料配合比设计，例如水灰比（W/C），并选择使用水泥或化学注浆。

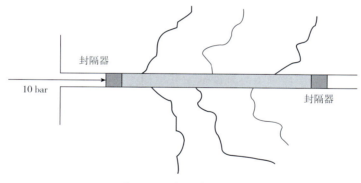

图 11-2 钻孔水压测试

（2）变量混合料配合比设计，通常采用较高的水灰比（高达4.0）和"注浆桩止点"程序。后一种意味着，注浆达到最大允许压力，且吃浆量为零时才结束。

（3）注浆中使用的膨润土，用于降低浆液分离（也称为"渗浆"）和润滑输送管线。

（4）使用分阶段注浆（根据地表深度）、低注浆压力和裂距技术。分阶段注浆的方法为：注浆钻至一定深度，然后扩大注浆孔，并重复该过程。加密注浆孔间距是另一种分阶段注浆方式。

上述方法的典型影响在于，注浆工程是一个既耗时，又耗材的工程，包括每隔5m进行的水压测试；抽取大量的水用于配置浆液；提供引起注浆不必要扩散的背压（即注入浆液，直至岩体不再吃浆）；在一定时间内（如10min）保持恒定压力，压缩注浆并挤出多余的水分；放慢强度发展进程，工作程序复杂。所有过程加起来需要较长的注浆施工时间。而采用低注浆压力，降低地面的任何影响，降低各注浆阶段的效率，并使钻孔增多、注浆步骤增加，以达到所需密封效果。

结论：考虑达到规定密封效果所需的资源，传统水泥基注浆技术效率相当低。允许隧道在良好的岩石覆盖层和有限的自由表面区域未损坏的条件下，采用相当高的注浆压力。

11.2.2 最新省时的方法和新型材料

现代隧道挖掘的特征情况在于，隧道掘进速度对总体工程造价具有决定性作用。这一事实决定了极高的隧道设备投资。除此之外，在隧道口的有限工作区内，通常一次仅允许进行一道工序。

隧道掘进速度由实际开挖工程的有限可用时数决定（其他因素保持不变）。通常，预注浆所需时间从开挖时间中扣除。对一个隧道口进行施工时，通常每小时的费用高于1000美元。很显然，隧道掌子面所有作业的高效性对工程成本控制非常重要。由此可见，隧道挖掘过程中的注浆完全不同于坝基注浆和从地表开始的地基处理。这是隧道注浆技术发展不同于其他工程类型岩石注浆的主要原因。

若需要分阶段在所有注浆孔中进行大量水压测试，则岩芯钻探是常规地面钻探等的一部分，且与注浆过程中的复杂决策有关，其总数将严重影响工程进度。若优先考虑成本和效率，这种精心设计的方法将不能作为常规注浆工程的一部分。

过去15年间，大量新型岩体注浆用水泥基产品快速发展。通常，这些水泥更细，且具备适当的凝固和硬化特征。在大多数情况下，这些水泥掺有混合料或添加剂，具有全新水泥注浆材料属性，并具有良好的渗透性。虽然这些新型水泥产品比标准硅酸盐水泥更加昂贵，但是在考虑到整体经济效益时，这些水泥仍然极具竞争力。

11.2.3 隧道注浆工程的实践依据

必须强调隧道预注浆是一个非常重要的施工环节。一般而言，节理化岩石材料中的注浆是一项复杂且不易预先规划的工作，一方面，由于预调查获得的信息有限；另一方面，在钻孔期间和注浆期间产生的信息较多。因此，对于规划师和设计师而言，创建非常精细的工作程序，大量测试、大量记录的整理分析，以及严格监督非常重要。

若进行注浆成本效益分析检查，其将产生非常复杂且耗时的决策程序。

将允许流入量作为隧道中最大进水时，不一定达到目标渗漏率。非常严格的应用要求下，例如，2L/(min·100m)渗水量的隧道，或是该数值2倍的隧道，经验表明，

11 现代注浆技术

结果与目标值偏差较大。笔者所知，不存在大大改善准确性的捷径。因此，必须明确规定合理、高效的注浆程序。注浆结果控制措施如下：

（1）已开挖隧道部分内的渗水测量值，将显示不符合标准的部分、结果与目标值的偏离程度、所处条件及由哪种探测钻井和预注浆中已使用的资源分配情况导致的结果。这同样适用于结果令人满意的隧道段。该信息和其评估可不断反馈至必要程序，并加以纠正。经验表明，纠正之后将会更加接近目标结果，并实现资源的有效利用。

（2）在不符合标准的这些区域内，可进行从最高渗漏产生点开始的后注浆。该方法在预注浆已进行的情况下非常有效（否则，渗漏通常将会转移）。鉴于（1）项所采取的措施，后注浆的需求迅速减少，且最终结果将符合规定要求。

11.3　岩石预注浆的施工方案

预注浆施工方案是专门针对微细水泥的使用而编制的。要使用此施工方案，需满足的重要材料特征为：

渗浆量小于5%的稳定黏浆（渗浆量通常为零）、触变性、马氏锥黏度小于35s、快凝注浆及良好的压力稳定性（低渗透系数）。

该施工方案适用于中等硬度至高硬度的岩体，其中包括具有固有频率的脆弱带，尤其是节理带及破碎带。该施工方案基于采用传统钻孔及爆破法实施的隧道挖掘。该方案也适用于TBM隧道，且可修改预注浆施工方案，将开挖方法也包括在内。

在进水限制非常严格的实际情况下，需要将微细水泥及基于化学注浆的丙烯酸结合使用。对于回流控制问题，在局部后注浆情况下，可采用快速发泡的聚氨酯注浆。

11.3.1　注浆准备工作

1）概述

通常，探测孔和注浆孔的钻孔均采用多臂钻车（主要用于爆破孔）完成。钻头的直径为51mm或64mm，并配有与所选钻头配套的钻棒及棒状耦合器。钻孔过程中，应观测钻孔速度、脆弱带、水（或冲洗水的流失），以及其他已选参数，并记录在监理事先编制的钻孔注浆记录表中。

测得的钻孔渗水量及相关参数，决定了是否需要注浆；若注浆，需要确定额外增加多少个孔，以及孔的长度为多少等。具体的决策流程如图11-3所示。

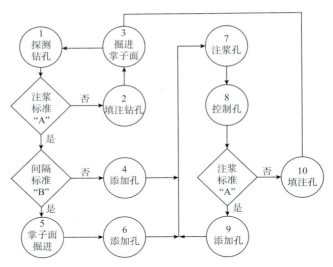

图 11-3 岩体注浆决策流程图

2）注浆钻孔的冲洗

为保证注浆质量，钻孔过程中应进行良好的水冲洗，所采用的水压应是钻孔设备生产商规定最大水压，且应通过在钻车上配备专用增压器来保证水压。

注浆孔的进一步清洁采取水和压缩空气，或高压水。

若采用水和压缩空气进行清洗，则需要采用硬塑料管在 10bar 压力下，使用水和一定压缩空气来完成。将塑料管伸至钻孔底部，打开水和空气，并在冲洗开始后将塑料管取出。若钻孔中某些区域可能因浸水而塌陷，或钻孔渗水量超过 10L/min，则无须冲洗。

注浆用钻孔的冲洗应被规定为一项日常工作。任何必要偏差认定都应由监理依据钻孔记录来判定。

3）钻孔长度

探测孔的长度通常小于 30m。规定的长度可能受所选钻孔直径的影响，因为 51mm 直径设备的偏差大于 64mm 直径的设备偏差。通常情况下，规定探测孔长度的目的在于达到钻孔工作量、钻孔精度、卡钻风险、注浆效率以及有效隧道挖掘过程之间的平衡，通常探测钻孔长度内（可能是一个注浆段长度），可进行 4~5 个循环爆破作业。

4）钻孔的数量及方向

通常，钻孔从靠近隧道等高线的位置开始，穿过隧道口，形成一个顶部 5°~8° 的被切除的锥形。在主要节理方向上，可能需要调整钻孔方向，大多数情况下，无须调整钻孔方向。

钻取探测孔的目的在于降低注浆失败风险，并探测必须进行预注浆的区域。探测发现的问题越多，钻孔所需数量可能就越多。钻孔数量必须根据隧道直径、涉及的风险（隧道内外），以及隧道所需的密封度来确定。注浆方案应包括在工程的技术规范中。

当根据规定的标准确定预注浆后，第一阶段注浆的初始钻孔数量通常使钻孔有1.5~3.0m的间隔。后续阶段（若需要）的钻孔间距通常依据裂距加以确定。对于探测孔，应规定第一阶段注浆孔的间距。

5）封隔器的放置

封隔器通常放置在钻孔开口附近，并一次性完成钻孔的全长注浆。封隔器的深度通常是1.5m。然而，封隔器可能需要放置在不同位置，并应留有一定余量。

较高地下水压力和不良岩石有可能导致注浆面发生故障。因此，应采取适当措施将封隔器放置在更深处（例如，5m）。通常，沟渠会导致水和注浆回流至上方地表，此时封隔器必须安置在比钻孔与沟渠交叉区域更深的位置。有时钻孔局部会受脆弱岩石材料、楔形材料及类似的物质干扰，导致封隔器滑落或渗漏。通常，将封隔器移动至更深处是解决该问题的正确方法。原则上，致密岩石（前一轮注浆形成的岩体或注浆岩石生成的缓冲区）会在注浆体内有5m的重叠区域。通常，封隔器应该安置在该区域。

11.3.2 采用微细水泥进行岩体注浆

1）概述

（1）必须制定进行注浆的决策标准。其依据通常为测得的探测孔渗水量，该渗水量可以是单个钻孔的规定渗水量（L/min）或所有探测孔的最大总渗水量（以较大值为准）。依据隧道中最大目标渗水量，若单个钻孔渗水量达到4L/min以上或任意数量探测孔的总渗水量达到15L/min以上，则可以开始注浆。在作业过程中，这些注浆标准与隧道目标密封度之间的平衡，必须根据经验和本地岩石状况确定，并有实际结果反馈。

（2）微细水泥应该按大约1.0水灰比（W/C）混合，并根据供应商的建议添加适量外加剂。若上述规定参数或材料选择有变化时，则应在工程文件中予以说明。监理制定注浆决策时必须因地制宜。

2）拌和程序

胶质搅拌器是注浆搅拌器的最佳选择，叶轮转速不低于1500r/min。必须妥善维护搅拌器，以有效地搅拌微细水泥，具体程序如下：

（1）一次将所有水加入搅拌器。

（2）加入相应数量的水泥。

（3）加入减水剂及分散剂。

（4）搅拌3min。注意不要超过搅拌时间，因为高强度的剪切搅拌会产生热量，并提高拌合物的温度。若温度高，则每一批次的搅拌时间可缩短。此外，不要缩短搅拌时间。若絮凝团未被搅拌器充分分解，微细水泥将不达标，这就需要足够的搅拌时间，必要时，需要使用分散剂（添加剂）。

注意事项：立即将水泥转移至搅动的容纳槽，并始终慢慢搅动浆液。监测搅拌槽中的注浆量，若搅拌槽容纳了大量原料，且注浆泵在高压下慢速运转，则不得开始另一批水泥的搅拌。搅拌槽中的所用水泥应该尽可能保持新鲜。

3）注浆催化剂的使用

存在通过掌子面意外回流或进一步回流至隧道内的情况，这是钻孔与含有大量高压水的超大沟渠连接在一起的迹象。这两种情况都有利于加速水泥凝固及硬化。在第一种情况中，可以通过阻止回流，在材料不损失的条件下进行地面进一步注浆。在第二种情况中，可以通过阻止注浆向隧道合理间距外不必要的扩散来解决。

通常，一些被用作喷射水泥砂浆催化剂的不含碱产品在微细水泥的注浆工程中效果显著。其一大优势在于，加入添加剂时无明显絮凝或增稠，且这种反应仅对某一时间后的注浆产生影响。添加剂的剂量可以小于1%（若加入搅拌器中）或多达3%（若是加入封隔器中）。

在使用添加剂和确定添加方法以前，必须进行实地测试，以确定搅拌时间、凝固时间和硬化时间，以及实际设备、现场用微细水泥的类型及场地温度等。这对避免浆液意外凝固和降低设备故障风险十分重要。为提高配量浆液准确度并避免加入催化剂时产生的局部反应，按照50/50（体积比）的比例用水稀释催化剂，效果非常显著。

搅拌器中添加剂的使用应注意：

（1）在上述"2）拌和程序"第（4）步搅拌还剩1min左右时，慢慢将定量添加剂加入搅拌器中，继续进行上述步骤。从每一批水泥中选取一个试样，监测浆液凝固时间。

（2）在使用添加剂的注浆过程中，应确保注浆流过软管的速度不会下降太多。若注浆几乎处于停止的状态（因为处于最高压力而无法吃浆）时，将软管与封隔器分离，重新接入搅拌器，以防堵塞软管和泵。必须用水稀释搅拌系统内的剩余浆液，排出管路，或将其泵送至高渗透性的不同钻孔内（若可用）。

（3）封隔器上通常应使用一个T形阀。若注浆流速变得极其缓慢，则可能需要打开此阀门，并泵送一定量的浆液至隧道洞底，以将新拌浆液注入岩体内，并防止设备堵塞。

（4）若泵送中断时间较长，开始继续工作以前，需要彻底冲洗所有设备和输送软管。

应注意的是，即使浆液的凝固时间降至5~10min，搅拌原料时仍然会显示20~30min的搅拌时间（根据温度确定）。因此，成功应用该技术的关键在于：保持浆液的持续搅动。

封隔器中添加剂的使用应注意：

（1）封隔器中的外加剂添加必须通过独立的泵和输送软管完成，将泵和输送软管与封隔器顶部注浆线的单向阀相连。

（2）添加剂用泵可采用Wagner喷涂隔膜泵，并提供300bar的最高压力，该压力大大高于注浆注入压力。可以调整泵输出量，由于压力较高，输出量不会受注浆压力的影响。

（3）根据外加剂剂量的预先测试和泵的运行状况，可以随时加入添加剂，并逐步加量直至达到目标效果；也可以随时停止添加，并保持注浆线处于开放状态。

4）注浆压力

通常，必须不间断地评估最大注浆压力，尤其应对隧道内局部条件进行评估。隧道中非常差的岩体状况、高静态水压和现有回流状况均表明应控制最大注浆压力，即使岩石覆盖层厚度达到几百米。

在预注浆时，应在开始注浆工作时就施加最大允许压力（若所选泵可输送达到最大允许压力所需的足够输出量）的两种情况：

（1）在最大允许泵送压力下，地面无法吃浆时。

（2）已达到钻孔最大规定注浆量（不考虑施加的压力）。

采用这种方法，可在最短时间内完成所需注浆量。此外，在此过程中，应尽可能早地在允许的注浆压力下工作，使浆液顺利渗入比最大裂缝和节理稍小些的裂缝和节理中。

允许的最大注浆压力应至少比静态地下水头高50bar，除非由于特殊规定需要较低的最大压力。应注意，开裂或其他变形引起钻孔破坏的危险，最大压力与注浆设备、钻孔数量密切相关。单独对钻孔施加高压不会对任何部分产生"破坏"，钻孔周围一些孔径的局部水力压裂除外。这种水力压裂可能产生关联性，允许以其他方式对被归类为密封孔的钻孔进行注浆。

5）注浆程序

（1）从隧道掌子面最底部的孔自下而上开始注浆，或从隧道进水最大的钻孔开始注浆。

（2）在 2min 的时间内，若允许的最大泵压无法进行 2L/min 的注浆，或已注入每个孔的规定最大注浆量时，钻孔完成注浆。

（3）若探测到注浆回流或水流入隧道，应通过降低泵压，减少回流和渗水。同时，应使用添加剂形成一道回流封锁区域。必须决定采用的具体方法：在搅拌器中加入添加剂采用独立泵。

（4）在注浆过程中，若注浆通过钻孔产生回流，则表明两个或两个以上的钻孔已相连，应关闭这些连接钻孔中的封隔器，并在现有钻孔继续注浆。停止前，应用最大注浆量乘以已连接钻孔的数量计算注浆量。若在达到最大注浆量之前达到最大压力，且其可以继续吃浆，则这些已连接钻孔也应进行注浆。

6）注浆记录

注浆实施情况的记录必须作为一项日常工作来进行。若设备允许，则可通过计算机自动记录。否则，在施工过程中，必须编制好隧道中使用的表格。同时，必须明确规定保存记录的负责人。

必须至少记录以下信息：

（1）一般数据。例如隧道观测长度、日期、时间和班次、记录员、所有钻孔的标记和位置、测得的钻孔进水量。

（2）各个钻孔有关数据：封隔器的放置位置、钻孔长度、注浆配合比设计、注浆初始压力和最终压力、注浆开始和结束时间、流速变化、注浆总量、渗漏（回流）情况及钻孔之间的连接关系。

11.3.3 实施情况监测与控制

1）注浆凝固时间

一些微细水泥被开发用作触变性注浆材料，在注浆工作完成后浆液即开始初凝。其目的在于保证工作持续进行。在中等地下水头（如不超过 15bar），承压水通道尺寸不大（如最大宽度不超过 10mm），则这种方法可行，且无任何风险。

若压力增大，尤其是承压通道尺寸也同时随之增大时，注浆材料失效和被冲洗可能性也会增加。对于如何评估这种风险，无法给出一般规则，只能指出失效的结果、凝固的允许时间、水压和地下沟渠尺寸，并将其作为考虑因素。

使用催化剂缩短凝固时间将有助于加速注浆。但经验表明，在一个注浆阶段通常仅仅催化一部分浆液。若过量使用催化剂造成的后果很严重，则必须小心使用。

若计划的下一项工作是为控制注浆结果或下一轮注浆孔钻取钻孔，应始终从上轮注浆首次结束的区域开始钻孔，以保证尽可能多的凝固时间。

2）控制孔的钻取

分阶段注浆的效果必须通过新钻钻孔来控制。在决定是否进行注浆时，将依据评估钻探孔所用的相同标准来评估这些钻孔。控制孔应在所有产生高于注浆标准进水量的钻孔两侧钻取。

若工程要求使用丙烯酸酯注浆，则第二阶段（或后续阶段）的决策标准应说明何时使用此类浆液。

无须进行注浆的密封钻孔和所有钻孔，应采用稳定水泥砂浆进行灌注。这可以通过岩石锚杆砂浆（若首选）完成，以避免仅因填埋钻孔而启动和清洗所有注浆设备。

3）测量隧道中进水

地表下隧道内已达到密封度是衡量注浆实施效果的唯一方式。隧道开挖一定长度以后，必须对流出隧道的平均水流量进行检测。通过在地层内安装带有V形溢流的密封坝，可测得相应隧道段的渗漏量。为了获得渗漏量精确读数，通常需要在周末进行测量，以免干扰隧道内的用水活动。

若超出规定渗漏率，其他渗漏点的后注浆必须从渗漏率最高的点开始实施。同样，必须对预注浆程序和标准进行评估，以决定该程序是否需要进行调整。

11.4 决策流程图

图11-3为岩体注浆决策流程图。该流程图展示了典型的岩体注浆过程。

第一步：预探测。孔的标准数量为两个，分别位于12点钟方向和6点钟方向。在高风险区域，可使用4个孔，分别位于6、9、12点钟和3点钟方向。每个孔的最大长度为30m。使用带有水冲洗功能的冲击钻探，建议钻头直径51mm。从隧道等高线开始钻孔，起钻倾斜角为5°~8°，至少与上一个钻孔端部重叠5m。做好如下探测孔钻取过程记录：

（1）任何脆弱带、较高钻孔率和空隙的情况。

（2）钻井水的流失。

（3）可探测的渗水深度。

（4）钻孔后，拔出钻杆，测定初始渗水率。

拔出钻杆时，用水和压缩空气进行管路彻底冲洗，并适当清理钻孔。

注浆标准"A"：若出现以下任一种情况时，应进行注浆。

（1）任何单个孔的初始渗漏量 <3L/min。

（2）所有孔的初始总渗漏量 <6L/min。

（3）任何单个孔的冲洗水损失量 <50%。

间隔标准"B"：若记录的全部或主要渗漏部分和冲洗水损失位置位于孔内 15m 深度以下，则应从上述位置处继续掘进至少 5m。

第二步：探测孔的注浆。封隔器应至少放置在探测孔 2m 内，并注入浆液，用于填注钻孔。若达到 20bar 的压力，或泵送量达到 300kg 时，应停止注浆，也可采用开口塑料软管，通过锚杆砂浆由下自上填注钻孔。

第三步：掘进掌子面。掘进掌子面，直至达到 5m 的最小钻探重叠。实行下一阶段的探测钻井。

第四步：增加注浆孔。增加钻孔，直至总数量达到 8 个。首先应在 6、9、12、3 点钟方向和 7:30、4:30 的时针、分针所指方向进行注浆。应在渗漏量最大和冲洗水流失最多的区域增加最后 2 个钻孔。

第五步：掘进掌子面。掘进掌子面，直至与初始注浆影响范围距离至少为 5m。

第六步：增加注浆孔。增加钻孔，直至总数量达到 8 个。首先应在 6、9、12、3 点钟方向和 7:30、4:30 的时针、分针所指方向进行注浆。应在渗漏量最大和冲洗水流失最多的区域增加最后两个孔。所增加的钻孔长度应与先前钻孔的观测长度一致。

第七步：压力注浆。封隔器至少放置在 1.5m 深处，从较低的部分自下而上开始注浆。所有孔都应进行注浆。若压力达到 50bar，或泵送水泥总量达到 1500kg 时，停止注浆。

第八步：控制孔（检查孔）。至少钻取 4 个控制孔（在对水泥水化所需的最短时间进行仔细评估以后），若大多数先前注浆孔的吃浆量较高时，应将控制孔增加至 8 个。应根据吃浆分布和地貌的情况，调整控制孔的位置。

对于控制孔，应根据注浆标准 A 决定是否进行下一步骤。

第九步：增加钻孔。若需要，增加钻孔至最少注浆孔——8 个可用注浆孔。应根据地貌、渗漏位置和吃浆分布的可用信息，调整钻孔的位置。

第十步：控制孔注浆。封隔器应至少放置在控制孔内 2m 处，并进行注浆以填充钻孔。若压力达到 20bar，或泵送量达到 300kg 时，应停止注浆。也可采用开口塑料软管，通过锚杆砂浆自下而上填充钻孔。

12 梅罗克（Meråker）项目
——12 个月完成 10km 隧道

Steinar Johannessen

Scandinavian Rock Group AS

Odd G. Askilsrud

Atlas Copco Robbins Inc., Seattle, USA

Amund Bruland

The Norwegian University of Science and Technology NTNU

摘要： 新的发电站、隧道、大坝已在挪威中部梅罗克（Meråker）建成。总长 44 km、截面积从 $32m^2$ 到 $7m^2$ 的隧道在硬岩地层中开挖。由高性能隧道掘进机（HP TBM）挖掘10km。本章给出了TBM掘进机选型，以及掘进计划、现场组织、机器性能和使用注意事项。

12.1 简介

梅罗克（Meråker）距离 Trondheim 约 80km。1890 年到 1915 年建设了 5 个小型水电站，以向 Meråker 冶炼厂提供电力。1987 年，决定增加年输出功率 200~590GW·h，项目总图如图 12-1 所示。

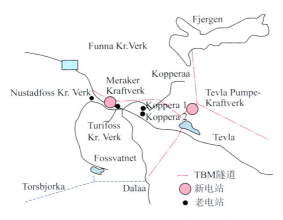

图 12-1 Meråker 项目总平面图

12.2　工期

梅罗克项目1990年9月开工建设，1994年电厂、隧道和大坝投入使用。1992年底，所有44km长的隧道已经完成，比原计划提前约9个月。

12.3　合同

业主Nord-Trøndelag Energy采用邀请招标方式，土建工程合同分为两个：Tevla电站合同包括17 km的隧道和两个填石坝，由VSF-Group、A/S Veidekke和Selmer A/S组成的联合体签订；Meråker电站合同包括27km长的隧道，Merkraft、Eeg-Henriksen Anlegg A/S和A/S Veidekke组成的联合体竞标成功。

12.4　TBM施工段工程地质

在项目施工区域内所预测的岩石类型主要包括寒武系和奥陶系的变质沉积与变辉长岩入侵的岩石。变辉长岩极其坚硬而且是大块岩石，无侧限抗压强度达到300 MPa。沿隧道预计包括6种不同的岩石类型。

为了在招标中获取尽可能合理的基准，在投标之前和投标期间，梅罗克项目业主、挪威科技大学（NTNU）、挪威国家电力局（Statkraft）合作进行地质资料补充调查，以及综合考察。

从Torsbjørka到Dalåa的10km勘探表明，岩石参数变化从相对较软千枚岩的钻进速度指数（DRI）60，II类裂隙及以上，到钻进速度指数（DRI）32和裂隙类0+非常坚硬的变辉长岩。参照挪威科技大学（NTNU）分类系统报告1-88，硬砂岩、砂岩地层混合接触面出现。因此，高岩石强度和大范围的钻孔参数特征变化，成为TBM选型的重要标准。

12.5　TBM选型

20世纪80年代，挪威在硬块状的片麻岩和花岗岩上采用TBM完成了几个重要项目，这些项目在掘进时使用的每个刀具能力均达到222 kN。

TBM掘进机器包括液压系统、电气系统、主轴承。刀具、刀具轴承座不能在坚硬的岩石中高速推进时，保持完整、耐磨。

软岩地层中TBM机器由于扭矩限制，以约为5m/h速度钻进。

12 梅罗克（Meråker）项目——12 个月完成 10km 隧道

1989 年，Statkraft 决定将新的一代 TBM 机在 Svartisen 水电站项目投入使用。1989—1992 年，购买了 3 台罗宾斯 HP TBM 机器，掘进了超过 30km 的隧道，直径分别为 4.3m、5.0m 和 3.5 m。

根据以上的经验，承包商制定的 TBM 装备性能如下：

（1）能够有效地掘进硬块状变辉长岩、绿岩、硬砂岩，以及软弱千枚岩混合面。

（2）能够增加到直径 4.2m 而无须更改 HP TBM 的基本设计。这些要求旨在罗宾斯 HP TBM 使用 483mm 的刀具掘进时，每个刀具达 312kN 平均刀具负载。Statkraft 公司和罗宾斯公司紧密合作，引导 HP TBM 机器的设计概念和思想的进一步提升，最终设计和制造代码为 1215-265 的 TBM 模型。

罗宾斯 HP TBM 机器的主要参数如下：

（1）推荐的最大刀盘负荷：7900 kN。

（2）刀盘功率：1340 kW (335 kW × 4)。

（3）刀盘转速：13.4r/min。

（4）刀具数：25 单刃滚刀。

（5）机器质量：大约 200t。

12.6　TBM 机器优化

Svartisen 项目使用直径为 3.5 m 的 1215-257HP TBM，实践表明，当每个刀具平均刀具负载超过 265kN 时，在刀盘过渡区存在异常高的刀具磨损与滚刀轴承的脱落。这大大限制了最大推力时机器的有效使用，意味着额外成本和换刀停机时间的增加。为此修正和改变为 1215-265 的成型刀具和刀间距，具体如图 12-2 所示，以提供更好的荷载分布和在临界区更密的间距分布。

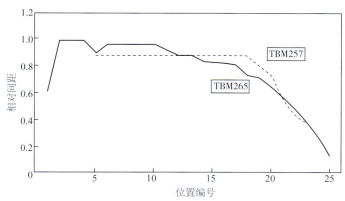

图 12-2　1215-257 和 1215-265 TBM 两种刀具间距

优化结果非常令人满意,并第一次以每个刀具 312kN 持续负载掘进。Svartisen 项目和香港电缆隧道工程经验被移植在其他项目上,TBM 得到持续改良。

12.7 掘进性能

图 12-3 表明,111-265TBM 每小时掘进 10m,在某时甚至更多,并没有造成任何扭矩问题,且渣土处理系统表现良好。

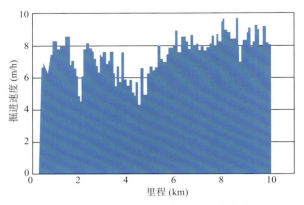

图 12-3　隧道长度上实际的掘进速度

掘进速度超过承建商的工筹计划。从图 12-4 中可以看到掘进速度超越挪威科技大学(NTNU)的预测报告 1-88。

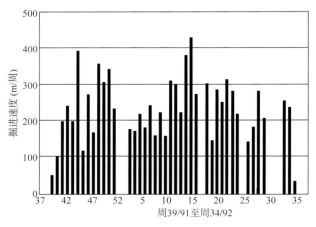

图 12-4　周掘进进度

推进率和使用率。挪威劳动法规允许 Merkraft 项目每周操作 100 班。尽管这种限制,在梅罗克(Meråker)项目平均每周 253 m 掘进,超过挪威以前的业绩,每工作周几乎多进入一百多米。在第一次 4 周的时间内,已经取得了掘进超过 1000m 隧道长度的成绩,整条隧道提前 6 个月完成。TBM 掘进效率如图 12-5 和图 12-6 所示。

12 梅罗克（Meråker）项目——12 个月完成 10km 隧道

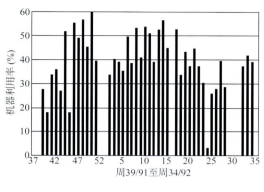

图 12-5　TBM 机器利用率　　　　图 12-6　机器平均利用率

TBM 利用率定义为实际掘进小时可用掘进时间的百分比，如图 12-5 所示。为保证一定的 TBM 利用率，应配备足够渣土运输能力（两个渣土车和一个机车）。如果在隧道尾部千枚岩地段增加一个额外机车和一个加州转辙机，则增加平均掘进速度，从而缩短施工工期。

Meråker 项目总结如下：

（1）最好的单一掘进速度：9.54 m/h。

（2）最好的掘进长度(10 小时)：69.1 m。

（3）最好的天掘进长度(2×10 掘进小时)：100.3 m。

（4）最好的周掘进长度(100 掘进小时)：426.8 m。

（5）最好的月掘进长度(430 掘进小时)：1358.0 m。

（6）平均掘进速度：6.4 m/h。

（7）均周进尺：253.0 m。

12.8　刀具磨损

绿岩结构是最难掘进的，它造成很大程度的刀具磨损与刀具更换数量，增加了停机时间。掘进接触面的变化也是刀具消耗高的主要因素。

刀具寿命的巨大差异令人惊讶。TBM 从来没有低于 4 m/h 的机械钻速。每环刀具使用寿命内的开挖量可以从 30m^3 到 300 多立方米不等（图 12-7）。

换刀的总停机时间保持在一个合理的低水平上。这一结果，部分原因可能是由于改进后的刀具廓形和间距改变了负载分配，即实现刀具的连续更换，从而节省了换刀时间。换刀数量如图 12-8 所示。

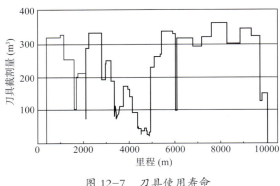

图 12-7 刀具使用寿命　　　　　图 12-8 换刀数量

12.9　渣土运输

运输系统从头部到料仓卸料站包括两列渣土车,每列都有 9 个 10 m³ 底卸式矿车。两列渣土车都是短程运输,维持 25 km/h 的平均速度,转弯返回到头部有 0.2%~0.8% 坡度。带有拖曳功能的加州转辙机的有轨运输保证了高生产率。

矿山车将 300m³ 泥渣倾倒在山中。分包商用商业卡车通过 1∶8 下坡的进口隧道运送渣土至洞口外约 500 m 的处置地。

由于超过 10m/h 的高生产率,隧道渣土运输在 10km 长车程的最后 4km 本身缺乏足够的运输能力。然而,安装一个旁路开关、增加一辆机车和人员成本估计要比等待的实际成本低。虽然每周进度明显早于计划进度,但是提前完成,业主不发放进度超前奖金。

12.10　组装／拆卸

265 TBM 从西雅图航运到挪威,每个组件不超过 87t。这批货物 1991 年 8 月抵达现场,开始在地下组装 TBM,3.5 周后 TBM 开始掘进。详细规划、对工作人员培训,包括关键人员在制造商的工厂培训,使短期安装成功成为可能。

一旦隧道施工完成,刀盘被拆卸,通过现有的 100m 长的引水隧洞口移出,其余的机器和后配套通过隧道内轨道移出。

12.11　现场组织与管理

挪威隧道施工一直被公认为是造价合理的。一些主要的原因可能是少量的工作人员、工人的机动性和能力、使用先进设备并加以很好地维护。在梅罗克(Meråker)项目上,雇用 16 人(三班),每人每周常规工作 33.6h。

12 梅罗克（Meråker）项目——12个月完成10km隧道

这个班组覆盖所有的操作包括：掘进、围岩支护、出渣、工作车间和刀具维修。小班组应具有丰富的经验、灵活、专业的特点。应制定合理的薪酬和奖金。

掌子面工作人员按照轮换制工作，以提高团队合作精神。一名操作员控制 TBM 和从备份仓装车，一名机修工、1 名电工和 1 名机车司机处理所有其他工作。

工作人员的报酬根据实际产量计算。这意味着这台 TBM 机器必须正确维护和使用，以防止停机。

TBM 项目管理包括 5 人，这 5 个人同时也管理长 5km、断面积 20m^2 钻爆法隧道和隧道的进口施工。

12.12 围岩支护

在投标期间，承包商的现场调查表明，使用 TBM 时只需要进行较少的围岩支护。超 10km 长度的隧道，仅 140 根锚杆和 44m^3 喷射混凝土用于支护。业主的原始预算，TBM 隧洞支护所用材料包括 900 根锚杆、300m^3 喷射混凝土和 200m^2 的垫板。对于钻爆法施工的隧道，证明投标文件中平均每公里所需 250 根锚杆和 33m^3 喷射混凝土支护材料是比较准确的。

钻爆法施工的隧道平均进尺是每个隧道掌子面每周大约 80m。

在挪威的传统隧道工程中，利用岩石本身承载，只有在需要的时候才使用支护。TBM 掘进形成的光滑开挖面、小断面和岩体质量是梅罗克（Meråker）项目所需较小围岩支护量的主要原因。

12.13 本章小结

梅罗克（Meråker）项目创造了隧道生产中一个新的标准。高进尺率和减少通风需求为长隧道减少整体施工工期、节约成本创造了可能。

合理的生产计划和机型选择、经验丰富的专职工作人员是保证硬岩隧道成功掘进的主要因素。

本章参考文献

[1] Johannessen S, Askilsrud O. Meraaker Hydro-Tunnelling the Norwegian Way. Proceedings RETC, 1993.

[2] The University of Trondheim, NTH-Anleggsdrift . Project Report 1-88 Hard Rock

Tunnel Boring, 1988.

[3] The University of Trondheim, NTH-Anleggsdrift. Project Report 1-94 Hard Rock Tunnel Boring, 1994.

13　奥斯陆峡湾海底隧道注浆

Olav Torgeir Blindheim
O. T. Blindheim AS

Svein Skeide
Norwegian Public Roads Administration

摘要：本章介绍了奥斯陆峡湾(Oslofjord)海底隧道东部地块防水成功案例。为保护靠近Drøbak社区旅游娱乐森林区内的湖泊和相关湿地，防止镇上房屋因沉降受损，隧道施工必须满足严格的要求，所采取的措施包括对允许渗流、探测及预注浆的要求，以及后续措施（例如分段测量渗流）进行界定。隧道防沉降过程基本上由隧道业主管理，有必要在不影响质量的前提下，就达到最佳性能的详细方法与承包商展开建设性的讨论。此次合作期间，达成了框架流程，同时，授权给双方现场员工，根据多变岩石条件进行施工调整。建成的隧道密封性满足要求，不会破坏环境，且降低成本，节约了时间。

13.1　简介

13.1.1　项目说明

奥斯陆峡湾隧道是一条海底公路隧道，总长为7.2km，是奥斯陆峡湾连接项目的关键组成部分。该项目通过26.5km长的道路、桥梁和隧道，将奥斯陆峡湾（距离奥斯陆大约50km）的东部和西部相连。多篇论文均从不同方面对该项目予以说明。例如：一般说明参考Haug、Øvstedal（1999），以及Øvstedal（2001）的有关文章；120m水压下土壤路段的凝固，参考Blindheim和Backer（1999）的有关文章。隧道于2000年按期完工。在该项目中，Scandinavian Rock Group作为承包商，挪威公路管理局作为业主。

本章主要讨论了奥斯陆峡湾东部长度为2.8km的隧道地段。该地段（图13-1）起始点位于德洛巴克(Drøbak)小镇周围的农业和森林区入口处。隧道毗邻田园式小湖（旧水库）的旅游娱乐森林区下方，进一步延伸至小镇中心。部分旧木屋建在基岩内裂隙带上方。

隧道地段可供车辆通行，且穿过德洛巴克小镇。该项目高度重视环境保护和景观绿化。

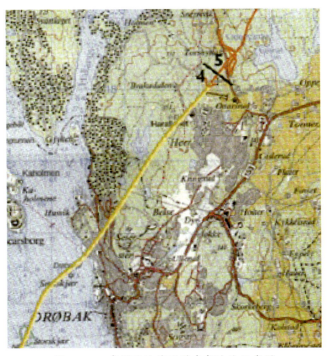

图 13-1　奥斯陆峡湾隧道东部地块示意图

注：黄线表示从有小湖的森林区和德洛巴克镇下方穿过

13.1.2　实地勘测

在规划和设计期间，现场调查发现最危险的水下区段（Aagaard 和 Blindheim，1999）。然而，在该区段实施了基于现场检查的工程地质预调查，旨在确定隧道开挖中的更多重要问题。其中包括稳定性问题，以及岩石支护的需求。还包括隧道进水危险，以及在居民区下方，实施地面处理的需求。采用传统方式，应在隧道开挖期间规划和处理上述问题。在施工以前，未实施有关渗水的详细风险或特殊环境的评估。

根据该区域内供水经验可知，地质信息可显示变化较大的岩石渗透性，该隧道所在区域的主要岩石类型为前寒武纪片麻岩，并伴随有颜色较暗和较浅的矿带，以及大量结晶花岗岩侵入岩。预计会出现小面积扩散渗透，同时，在奥斯陆地堑附近，由于张力地壳运动裂开的一些节理组，可能导致大面积岩层局部进水。因此，海底隧道施工应预防大量进水。

13.2 水密封性标准

13.2.1 合同要求

隧道建设合同是指符合挪威公路管理局标准格式的普通单价合同。在上述合同中，水密封性标准和实施注浆时间的选择，在某种程度上，经业主与承包商协商之后确定，以适应隧道开挖期间的实际情况。业主依照各自的招标价格，以米和钻孔数量为单位，根据不同类型注浆材料的消耗量，以及注浆期间隧道开挖设备的停工时间，向承包商付款。该合同的制定以探测钻井和注浆孔模型的所有常规模型为基础，依据多项挪威文件。以上模型已成功使用二十多年。

在该合同中，最终允许渗漏水目标，通常将总数设为 300L/(min·km)。其主要与泵送设施的尺寸相关，与隧道敏感地块的潜在环境要求无关。

在施工期开始时，业主在接受其地质工程顾问 O. T. Blindheim AS 建议之后，确定预注浆标准的详细要求。每个探测孔（或掌子面的其他钻孔）3L/min 的渗流量是启动预注浆的基本标准。其适用于所有施工区段，包括小镇下方施工区段。根据穿过类似地质构造和环境的隧道开挖获得的经验，应避免该区域内的小湖排水所带来的居民财产和其他财产的损失，这将作为一项严格要求。应根据常规工程地质实践和经验对地质和水文地质条件进行评估。

对于海底部分，应选择渗流量为 6L/min 作为一项触发标准。该标准还包括，注浆后拟应用的控制孔的数量和方向等。

13.2.2 环境评估

环境评估并非挪威公路管理局的"品质保证手册"中有关渗水危险特殊环境评估的一项要求。但是，业主的项目管理，对具有吸引力的休闲森林区下方隧道开挖影响敏感性，实现了详细评估的需求。在隧道开挖初期，由 Jordforsk（一家专业的水文和水文地质咨询公司）实施水文地质评估。

经评估确认，小湖（或无人监管的旧水库）和相邻的泥炭区，很可能是由基岩顶部富含黏土的海洋沉积物形成，从而降低流向基岩的渗水高程。由于集水区域较小，在其下方修建隧道时，加速排水的危险仍然很大。若不存在大面积集中渗流，对于自然环境而言，隧道内 20L/(min·100m) 的渗水量，可被评估为可接受渗水量。考虑到该区域的休闲利用价值，建议将渗漏水量降至 10L/(min·100m) 的水平。

在不实施其他现场调查的前提下，无法确定海洋沉积物对基岩顶部的"密封"影响，在一定程度上，其将无法达到不影响森林区的目的。经决定，不强加这种影响，而假设基岩内接缝水和水文状况之间可能存在密切联系。

根据上述评估，已选用的注浆标准满足要求。需要确保性能稳定的预注浆，即避免产生集中渗流，不仅要跟踪，而且要用有关文件监控渗流结果。

13.3 初步注浆探测及注浆改进

13.3.1 探测的需求

隧道入口处的第一部分，仅出现少量渗流。在个别位置，通过探测孔或爆破孔，确定小面积渗流，触发预注浆。在隧道长度达到1km之后，测得的平均渗流量约为20L/(min·100m)。但是，其中多数来自单个通道。通过探测钻孔未能确定一个集中渗流，在探测孔达到更多敏感区之前，很显然需要考虑提高注浆标准。经决定，由2个30m长钻孔构成"1级"，实施升高探测钻孔的操作。30m长钻孔数量增加至4个，构成"2级"。同时，调整钻孔方向，使其更好地穿入承受大部分渗流的节理组。每轮注浆以后钻取控制孔，以检查注浆效果。

13.3.2 初步注浆

使用标准工业水泥"快凝RP-38"，实施初步注浆，在渗流量较大的位置，使用快凝水泥（Rescon水泥）。在同时出现裂缝和狭窄接缝的个别位置，还应考虑使用微细水泥（Blue Circlf Rescon水泥650）。

开始时，注浆孔采用23个20m长钻孔，使用凿岩台车钻探上述钻孔，作为探测孔。将钻孔增加至28个注浆孔，以缩短孔间距，同时在掌子面增加若干钻孔。将钻孔长度增加至23m，以实现每轮注浆之间3个5m爆破炮孔之间至少8m的搭接长度。

在一些部分，需要设置3~4轮搭接注浆，但是，在多数情况下，2轮注浆已足够。一开始，将泵送压力设为45bar，在达到1km后，增加至60bar。有时，加压至70~80bar。若可行，将停止加压，并维持在30~45bar。

不同轮次下的岩体条件存在差异。不同的节理组，或多或少呈现出不同的耐久性。伟晶岩侵入岩更加贴合，但是带有不规则间断点。一些接缝相当紧密，或充满黏土，不易注浆。因此，承包商期望尝试使用微细水泥。合同中，未对此类水泥标价，业主对其使用予以接受。根据水泥可用性，考虑使用微细水泥900或A12旋量水泥。

在隧道开挖的头1km，注浆段长度为198m，约占隧道注浆段总长1058m的19%。一轮注浆的总长度为467m，搭接长度为467/198=2.4m。材料消耗总量为

222t，其中，注浆长度的平均消耗量为1120kg/m，该部分总长的平均消耗量为210kg/m。但是，若预计将其用于水下施工段，则上述数值略低于工程量清单中的总体平均量。

13.3.3 改进需求

按照计划，在前1000m隧道开挖完成后，地质工程顾问重新对该地质情况实施完整的评估。评估内容包括假设评估、岩体条件、接缝特点、注浆结果、剩余渗流、对周围环境的潜在影响等。

很显然，尽管目前注浆程序有所改进，仍然需要进一步改善浆体的紧密性，以及该注浆流程的效率。已制定出一项策略，用于降低剩余渗水。技术措施包括，改进探测方式（每3个爆破炮孔组，钻6~8个钻孔）、注浆孔的增量（用于缩短下降至前端1m处的注浆孔间距）、注浆孔的缩短长度（用于减少偏差）、使用高压泵送（60bar时，最小停止压力为30bar）、水泥类型、选择标准等。着重强调灵活适应各种条件。

13.4 合作需求

13.4.1 原则决策

前1000m的多数注浆，由业主安排注浆顺序，无须与承包商详细讨论。随着不断努力，业主代表和承包商（还包括地质工程顾问）多次举行有关探测钻孔和注浆的工程会议。这将有助于不同类型水泥的选择。

很显然，注浆的所有努力，均会对隧道施工的时间安排和成本，造成严重的潜在影响。根据上述重新评估，业主的项目管理组做出以下关键性的决定：

（1）任何情况下，不得对触发注浆的标准，做出让步。

（2）在注浆标准和议定价格获得批准后，允许使用合同范围以外的微细水泥。

（3）应通过与承包商合作，借鉴其实际执行经验，对浆液性能进行优化。

业主和承包方双方表示，达到密封性目标的决定都须通过建设性合作，以降低对施工时间和成本影响。

13.4.2 合作的执行

与合同中要求的合作相比，这种合作水平较高，会促使达到一系列系统化注浆流程的协议。这种合作旨在适应各种条件，以满足要求，同时实现高效生产。

合作具体目的在于，最大程度减小同时注浆轮次的数量，即更快获取令人满意的注浆效果。允许使用合同标定以外的水泥类型，符合选择标准的规定（例如：渗流量大于25L/min的钻孔，应使用工业水泥开始注浆；渗流量小于25L/min的钻孔，应使用650

级微细水泥开始注浆；渗流量小于 10L/min 的钻孔，可直接使用 900 级微细水泥）。制定注浆期间材料变更、压力钻孔补偿、停钻等指导方针。

最重要的是，双方一致认为，经业主值班负责人（其中多数人员均接受过工程培训）审核后，承包商可根据条件在议定框架内调整注浆流程。通常 Scandinavian 掌子面施工队，由经验丰富、技术熟练的隧道工人组成。该项决定授权给与工程实施密切相关双方的人员，对注浆流程及时做出调整。

13.5 注浆效果

13.5.1 Drøbak 镇下方的隧道开挖

经调查，Drøbak 镇的多数房屋建在岩石、冰碛石或不是非常敏感的海洋沉积层上方。然而，由于该镇中心旧的冰凿坝填筑不足，发现该区域的全部或部分房屋位于木桩基础上方，这些房屋将对任何水压或地面水位下降极其敏感。在该区域周围，安装 4 个压力计，并修建 1~2 口渗水井。隧道开挖恰好经过该区域下方，同时穿过一个断裂带。根据已编制的详细注浆流程，实施预注浆，未监测到隧道开挖对孔隙压力或房屋海拔的影响。

13.5.2 探测方法和结果

经证实，掌子面前方 6~8 个探测孔的系统使用，足以确定潜在渗流点。选定最适合爆破的 23m 或 30m 的长度，确保最小搭接长度为 8m。在掌子面中部，通常设置一半的探测孔，其与隧道轴线呈 30°~45°夹角，以便完全覆盖注浆孔"锥体"的前方。其他钻孔以正常方式与隧道轮廓呈 15°外角。

当探测钻孔构成工作周期的常规部分时，并未引起隧道开挖成本显著变化或工期延误。东部地段的探测钻孔成本，约为 100 万挪威克朗（9 挪威克朗约等于 1 美元），是整个隧道总成本的 0.25%，可将其视为所投的廉价保险。针对未发现渗流和大面积渗流经过的情况，其可能导致费时又费钱的后注浆，并造成其他工程的延误。

应始终保持 3L/min 的触发水平，以证实其注浆充分性。这同样适用于根据探测孔渗流水位，选择注浆材料的标准。

13.5.3 预注浆方法和结果

奥斯陆峡湾东部 2817m 处完整地块上，注浆胶结材料的总消耗量为 667t，隧道的平均消耗量为 237kg/m，比工程量清单中整个隧道总平均值 215kg/m 高 10%。仅分布于 687m 的注浆部分上，占总地块的 25%，浆液消耗量为 970kg/m。相应地，与前 1000m 注浆相比，改进流程已降低每米隧道注浆的消耗量。同时，重复注浆轮次的需

13 奥斯陆峡湾海底隧道注浆

求也降低,大幅减少了影响时间。

表 13-1 给出了整个奥斯陆峡湾东部地块上所用不同注浆材料的概况。

表 13-1 奥斯陆峡湾东部隧道地块注浆材料的消耗量

注 浆 材 料	消耗量(kg)
工业水泥(飞速)	385710
快凝水泥(Cemsil)	9925
粗滤水泥(Mauring)	100
650 级微细水泥	124670
900 级微细水泥	126775
A12 微细水泥	12180
微细硅(注浆添加剂)	7143
水泥/硅灰材料总计	666503
聚氨酯(Taccs)	1390l

注:普通粗水泥与微细水泥的比例约为 60/40。

13.5.4 后注浆方法和结果

在不需要通过探测钻孔检测的条件下,可通过个别带有集中渗流的接缝部分,以及穿透隧道轮廓周围注浆区的 15~20 个岩锚,实施有限制的后注浆。尽管该部分总渗流(含局部渗流)量满足 20L/(min·100m)的平均要求,但是,还是应努力处理每个渗流点,尤其是大部分局部渗流均是由接缝或锚杆孔引起的。

在不干扰隧道开挖的前提下,由独立小组使用合同中可用的照明钻探设备和聚氨酯,实施后注浆,其取得了令人满意的结果:停止或大幅减少了许多面积较大的集中渗流点。个别渗流点仅减少了一部分,更多的情况是,其被扩大或仅限于"反复循环"注浆。考虑到健康原因,使用聚氨酯材料备受质疑,因此,上述小的后注浆计划被中止。然而,在这种情况下,若满足环境标准,则无须进一步实施后注浆。

值得一提的是,并非在所有的情况下,都可以将后注浆视作预注浆的等效备用方案。由于确定了预注浆的重要性,使用系统化后注浆钻孔形式,并非势在必行。实施少量后注浆项目,必须被视作对工程质量"轻微改善";经业主的项目管理组决定后,后注浆作为一种安全措施。

13.5.5 注浆紧密性

整个奥斯陆峡湾东部地块隧道取得了令人满意的水密性。大多数施工段无渗流,或仅有少量水滴渗漏。在个别位置,并非单纯地滴水,而是大量涌水,但是由于数量较小,未对环境标准造成影响。

根据不同施工段的测量结果，预计平均剩余渗流量总量为9L/（min·100m），在施工末期，渗漏量降至8.4L/（min·100m）。为避免对环境造成危害，该渗漏量不仅低于Jordforsk建议要求的20L/（min·100m），而且低于10L/（min·100m）的"目标"。

特别是在200m的施工段，渗流量只有35L/（min·100m）。然而，根据孔隙压力测量确定，该渗流量不会对地面水位造成影响。根据从湖边区域内隧道向上钻探钻孔，测量实施的孔隙压力，确定从首次测量隧道开挖达到该区域开始，岩石露头下方的地面水位，始终低于地平面以下约5m的水平，不增不减。

由于Drøbak镇的房屋位于填筑冰凿内，地基不稳且脆弱，Drøbak镇下方路段的渗流远远低于标准，低至2~3L/（min·100m）。需要达到上述水平，以避免沉降损害。在该区域内，安装在表面的压力计能够监测出0.5m内地面水位的正常变化。同时，在隧道贯通以后两年时间内，未监测到隧道开挖对房屋造成的任何沉降影响。

整个施工期间，根据水位测量可知，隧道开挖未对该区域内的小湖产生影响。由于从安静的森林湖边工作本身就是一种享受，对现场测量人员而言，上述测量工作变得相当愉悦（图13-2）。

图13-2　居住在该区域的每个人都热爱Øvredam湖，而下方隧道开挖期间的成功控水，保护了这里

为避免水渗入沥青车道，根据一般流程，使用聚氨酯泡沫（通过喷浆防火），实施常规防水。

13.5.6　时间和成本影响

与承包商的初步时间表相比，奥斯陆峡湾东部地段25%的隧道开挖，需要大面积

13 奥斯陆峡湾海底隧道注浆

注浆，从而导致大约 4 周时间的延误。

同时，由于改进流程，从隧道两端进行海底隧道开挖，可弥补之前的时间差。相应地，水下路段的贯通也将按计划实施完成。

奥斯陆峡湾东部地块施工中，注浆措施的成本（包括探测钻孔），接近 600 万挪威克朗（9 挪威克朗约等于 1 美元），大约占 7.2km 长的完整隧道成本的 1.5%。由于预计上述成本部分超出建成区，因此，最终成本会大幅增加。

13.6　余下的奥斯陆峡湾连接工程

13.6.1　其他部分的注浆

奥斯陆峡湾西部地块上，所需注浆量较少，平均消耗量仅为 74kg/m。

全长 7.2km 隧道的平均注浆量为 360kg/m，其中约 30% 位于不含岩石覆层的侵蚀断裂带的断层内（Blindheim 和 Backer，1999 年）。

奥斯陆峡湾两岸的陆地下方的 5 段隧道，均未实施注浆。

13.6.2　密封性

整个海底隧道以 26L/（min·100m）的总渗流量完工，包括两岸的水下和陆地部分。7.2km 隧道的总渗流量为 22L/（min·100m），远远低于 30L/（min·100m）的目标。

为了方便司机驾驶并保障其安全，所有存在剩余渗流水的地段，均安装霜冻绝缘滴漏保护装置（喷射聚氨酯泡沫防火材料），相当于每延米隧道 18m^2/m，相应地，约占隧道轮廓喷浆量的 80%。

13.7　本章小结

对奥斯陆峡湾东部地块的密封性控制经验，总结如下：

（1）可以实现排出基岩中接缝水、土层孔隙水和上述湖泊水，获得环境保护要求的紧密性。

（2）在隧道开挖之前，还需要实施环境评估，并建立特殊标准。必须实施包括跟进、灵活流程以及形成密封性测量在内的完整系统。评估由经验丰富的地质工程专家提供的所有要素和结果，及时做出项目管理决策。

（3）业主方的项目管理，对于参建各方的建设性合作至关重要。除了专家顾问和现场人员的支持以外，还必须建立并实施获得认可承包商（包括工长、值班主管和掌子面施工人员）的改进流程。

若忽视了以上基本措施，即使使用先进的注浆材料、技术，也无法取得令人满意的效果。

若要达到合理的时间和成本目标，则必须着重强调预注浆，后注浆不可作为预注浆的备用方案。

重型钻井设备

本章参考文献

[1] Aagaard B, Blindheim O T. Crossing of Exceptionally Poor Weakness Zones in three Subsea Tunnels, Norway. in Alten (ed.): Challenges for the 21st Century. Proc. World Tunnel Congress ,1999, Oslo, Norway: 457–466. Balkema.

[2] Blindheim O T, Backer L. The Oslofjord Subsea Road Tunnel. Crossing of a Weakness Zone under High Water Pressure by Freezing. in Alten (ed.): Challenges for the 21st Century. Proc. World Tunnel Congress ,1999, Oslo, Norway: 309–316. Balkema. Also published as: Oslofjord challenge, Tunnels & Tunnelling International, December 1999, 39–42.

[3] Blindheim O T, Øvstedal E. Design Principles and Construction Methods for Water Control in Subsea Road Tunnels in Rock.in Water Control in Norwegian Tunnels, Publication No. 12, Norwegian Tunnelling Society, Oslo (this Publication),2001.

[4] Haug R G, Øvstedal E. The Oslofjord Subsea Crossing. Highlights in Ongoing Tunnelling in Alten (ed.): Challenges for the 21st Century. Proc. World Tunnel Congress ,1999, Oslo, Norway: pp 535–542, Balkema.

[5] Øvstedal E. 4th Symp. on Strait Crossings, Bergen, Norway, September,2001.

14　控水工程风险的合理分担

Kjell O. Berge

Selmer Skanska AS, Oslo

摘要：在处理岩石隧道开挖的控水问题时，业主有必要与承包商签订公平公正的合同。挪威隧道开挖合同表明，业主是满足控水要求所需注浆量的风险承担者。承包商应承担的风险，仅限于以最佳且最有效的控水方式实施的工程。因此，控水工程受单价合同限制。

当隧道施工质量发挥重要作用时，即尽可能地降低隧道开挖对周围环境的影响，业主应承担注浆达到业主满意所用时间的风险。应就注浆小时数，对照标书中建议的注浆小时数，对合同规定的完工日期做出调整。目前讨论的问题在于，当周围环境影响施工时，就业主按小时支付注浆费用，以及按材料用量支付材料费而言，是否是更好的解决方案。

14.1　挪威隧道施工合同

在编制一份隧道或岩洞施工项目合同时，必须考虑到可能发生的情况。通常，在挪威相关规范中，涉及岩石条件和结构的单价均包括在合同中，并具有一定的灵活性。若承包商仅仅根据"合同规定的内容"安装不适合且危险的支护结构，将会产生危险隐患。

所有开挖项目的薄弱环节并非钻井和爆破，或钻孔作业，而是稳定、固定初期孔隙所需的支护工程。这对完工后设备安装的安全性和施工期间的施工人员安全均至关重要。所有支护工程的施工目的在于，尽一切可能，迅速、高效且低成本地重建岩石的稳定性。若干年以前，一边坐在舒适的办公室，一边欣赏着美景，完全在纸上的规划是不可能的事情。必须亲临现场，进入山区内数公里，或下至存在剥落、渗漏岩体顶部的海床以下几十米，实施各项决策。合同必须灵活，以适用于多变的地质条件变化。

经过20多年的实践，已证实使用灵活的合同制度，会促使总成本的降低，增强隧道施工的安全性，同时减少合同纠纷、仲裁或起诉。

挪威隧道开挖合同的标准投标文件，包括以下要素：

（1）投标文件包括，由经验丰富的地质工程师编制的地质和地质技术报告，显示实施该工程有关的调查和研究内容。这些报告向承包商提供岩石条件的总体情况，并指出所有的事实和假设。

（2）投标文件列出投标总价中应包含的岩石支护、注浆的类型和数量，以及表示该工程预期水平的工程量清单。投标文件还包括工程的备选单价，例如导洞掘进、探测钻井、注浆等单价。

投标文件中，明确规定了支护和注浆工程的各种类型、要求和条件。

支护和注浆工程主要分为两类：隧道掌子面实施的工程，以及隧道掌子面后方实施的工程。投标文件还规定，承包商必须在现场，存放支护工程所需备用的索具和设备（钢模板、喷射混凝土和注浆设备、专用锚杆等）。投标文件应对上述设备价格作出规定。

（3）最重要的是，投标文件中必须包括为交付工程所采取的措施。随时使用最适合的注浆技术，处理隧道掌子面的不同情况。

（4）由于采取增加或减少支护的方式，会延误工期延误或节约总施工时间。投标时，承包商必须规定每种支护工程的"等效时间"，仅限于用作延长或缩短施工时间的方法。以上数据便于在后续支护和注浆工程中，计算支护类型和数量变化。

挪威隧道施工合同的重要要求是，客户和承包商必须在现场，并配备技术熟练且经验丰富的代表。当隧道掌子面出现问题时，双方必须能够共同检查并评估现状，拟定最佳解决方案，且不引起工期延误和合同纠纷。承包商对各种支护备件应准确标价，能够以客观角度提出建议。该工程的价格，在合同中已有规定。现场代表或顾问必须具备做出最佳备选方案决策的专业知识和权限，从而确保客户为准确的技术方案支付费用。

挪威隧道开挖合同的制定遵循的理念在于，从经济学角度，对投标阶段的所有潜在意外事故加以考虑。因此，在施工阶段，各方应齐心协力迅速而有效地实施计划，克服困难。

14.2　风险分担的原则

20世纪70年代，挪威隧道开挖合同引用了风险分担原则。在早期的合同实践中，在地面条件逐渐不利、施工延期处罚的条件下，业主与承包商之间风险与责任的分担，未充分显现出灵活性。协商无果后，双方不得不诉诸法庭。

在Kleivan（1988年）的论文中，给出了将风险分担原则引用至隧道合同的最重要论据，这些论据包括以下三方面：

14 控水工程风险的合理分担

（1）实际地面条件始终存在不确定性：通常情况下，实地调查包括少量（若有）岩芯钻探。当仅仅考虑地面观测，局限于合同签订时，可以预测隧道施工条件的准确性。

（2）成本：若承包商承担所有风险，则为了安全起见，承包商有必要提出更高价格。在多数情况下，这种价格超出了实际成本，因此，业主最终获得的价值，低于其支付价格。另一方面，在合同实施期间，实际地面条件过于恶劣，导致承包商产生巨大的经济损失，这种情况同时也会对业主造成不良影响。

（3）因合同纠纷而产生的法庭程序，既耗时又费钱，最大的受益者往往是律师，而非合同双方。

在隧道合同中，工程延误风险分担的主要原则在于，建立将各个项目的金额转换为所需施工的工具。然后，可使用上述工具处理任何由于地面条件变化产生的意外情况。有关调整施工时间（若需要），或产生相关成本应在合同中加以体现。

为满足以上目标，形成的合同准则包括以下要素：

（1）在承包文件中说明需要的相关岩石支护类型和具体的注浆措施。在工程量清单中规定上述每项工序所应支付的费用，即使实际数量与合同文件中给出的相差甚远，该项目的单价也应继续有效。

（2）根据工程地质条件和工程性质，通过工程量清单，计算工程费用，并利用时间当量系统，合理调整拟定的施工时间。

"时间当量系统"的最大优势在于，承包商可全面权衡各不利因素所耗费的时间；地面条件和岩石支护量的变化，可能会改变竣工日期，但应以严格遵守合同中列出的各项规定为前提。

工程量清单中反映的地面条件，应以对预调查的所有地质和地质技术文件作出评估以后，业主得出的最佳判断为依据。

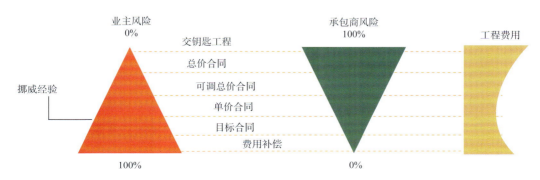

符合合同类型的风险分担和对项目成本造成的影响假设

14.3　调整施工时间的规定

目前，在隧道开挖项目中，应以严格的环境要求为依据，实施高质量注浆。在上述情况下，对时间做出调整，被视为最佳解决方案。很容易理解的是，由承包商承担注浆所用时间的全部风险，对于采用较长时间注浆，以获得最佳效果而言，不具备足够的积极性。由于在多数情况下，注浆需求与对临近地区造成不利影响有关，业主期望获得的质量，更有利于业主自身，而非承包商。

从以上实际情况可以看出，调整合同期限的最佳解决方案，取决于注浆所用的时间。可以通过独立的"时间平衡表"，做出以上调整。

通常情况下，业主会在投标文件中，给出预计的注浆时间。根据实际使用的注浆时间，对计划时间进行调整。时间以小时为单位，必要时须调整合同期限。

14.4　岩体注浆后期的合同编制

14.4.1　注重"时间"因素

近年来，在市区内建成的隧道数量持续上升，这使隧道控水从隧道流入水量，转向隧道上方地表水排出。注浆流程的质量，在隧道控水中发挥着重要的作用。有关岩体注浆参与各方将对挪威标准"有关建筑和施工的规范"（NS3420）文本做出修改，除了补偿注浆材料费用外，允许对注浆实际使用的时间做出补偿。

通过采用以上合同格式，业主将承担注浆费用成本和时间成本。在注浆工程相关设备受其支配的情况下，承包商承担相关风险。当注浆质量要求非常严格时，可将其风险共同分担。当合同格式包含准确的注浆时间和材料消耗量时，成本和质量能够达到良好的匹配。

目前，鉴于注浆对一些工程外部自然环境无决定性影响，由业主承担时间消耗的费用风险，承包商承担实施责任风险，维持风险分担的做法，也可被视为一种较为理想的方法。

对承包商而言，按照岩体注浆时间而非数量计算报酬的方式，将促使其满足第一轮注浆中的渗漏标准。高效注浆的优势，将自动吸引隧道参与各方开发注浆材料和方法。

开发注浆材料、改善业主和承包商之间关系，它们与获得省时注浆流程同等重要。

14.4.2　执行原则

在开始执行注浆流程时，依照注浆决策测量钻孔渗水，已成为一般流程。坝基注浆

14 控水工程风险的合理分担

工程,仍然沿用该流程。

然而,在市区的隧道中,通常会建造密封性较好的隧道,减少隧道排水对周围环境的影响。通过隧道上方地面沉降,或现有生物型对地下水位下降的敏感性,确定注浆需求。当掌子面前方的钻孔完成时,最好将其用于预注浆孔。与注浆材料入口处相比,经测试证明,水入口与基岩之间存在较小连接,如图14-1所示。

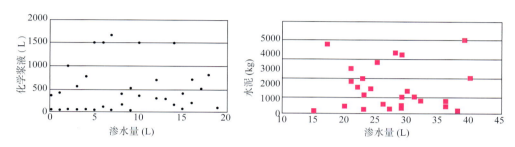

图14-1 吕荣法测量岩体渗水量(L)和所用注浆材料(kg)之间的关系

针对地面沉降敏感区,岩体注浆编制的普通流程是,在首轮注浆中,实施系统注浆。在进行新的综合测试和钻取注浆孔以后,根据注浆材料的注入情况,决定是否进一步注浆。

最常用的流程是,建立带有20~40m长钻孔的注浆喇叭,相互之间间距为1~2m。每12m重复实施下一轮注浆。当注浆材料用量较大时,可以缩短每个喇叭之间的间距。

应注意,参与隧道掌子面注浆工程的所有人员,必须熟悉注浆的目的,以及注浆所用原则,从而确保上述人员能够在实施注浆工程时,做出正确的决定。必须明确在任何特定钻孔中,注浆完成之前的最大允许注浆压力,以及每个钻孔中的最大注浆量。在下一轮注浆中,钻取新注浆孔。

由上表明,与此类隧道注浆工程相关的业主和承包商机构,越来越受到社会关注。在很大程度上,高效注浆流程也取决于施工管理;隧道掌子面注浆决策十分重要;隧道施工参与各方应建立相互信任的合作关系;明确注浆标准要求。

14.5 注浆控水经验

图14-2显示了市区内4条市区隧道的计划注浆量和实际使用注浆量之间的关系。一直以来,隧道上方地表水对最小排水量的影响是决策重点。

此外,图14-2也显示了对3条海底隧道的计划与实际注浆量进行的测试。在上述情况下,设计标准规定了泵出的隧道水量。

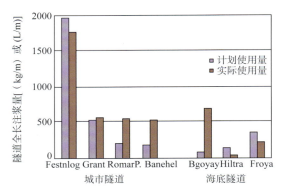

图 14-2　4 条市区隧道和 3 条海底隧道的计划注浆量和实际使用注浆量的比较

计划和实际使用注浆量之间的关系，是正确估算该工程注浆效果的关键所在。

由上可知，业主和承包商签订的合同，应基于灵活可用的原则，使注浆作业效果达到与合同中规定费用的最佳组合。

本章参考文献

[1] Kleivan E. Norwegian Tunneling Contract System. Norwegian Soil and Rock Engineering Association, Publication, 1988.

[2] Norwegian Trade Council: Shotcrete Technology. The Norwegian Method of Tunneling, 1994.